新人記者のみなさん
さあ決算取材です!

表 悟志

日経ビジネス人文庫

まえがき

この本を手に取ってくださった読者は、どのような方々でしょうか。会社で思いがけず経理部に異動になったビジネスパーソンか、財務分析によって有望株を見いだそうとされている個人投資家か、もしかして日本経済新聞の記者を志望している学生さんかもしれませんね。

日経の記者たちは寸暇を惜しんであらゆる企業スクープを追いかけています。そして近年、大がかりなM＆Aにしても、物言う株主との交渉にしても、一定の財務知識がなければ太刀打ちできないニュースが増えています。

社会人になりたての新人記者たちも、企業財務の基礎知識を身につけたうえで資本効率を分析し、さらに株価指標から投資家の反応をさぐる必要があります。その教材としてビジネスチャットの「Teams（チームズ）」に毎週投稿したものを、一般の方にもお読みいただけるよう加筆修正し、順不同で再構成したのがこの本です。

もともと記者向けなので、できるだけ日々のニュースを取り上げ、上場企業の開示資料などに垣間見える取材の手がかりを解説してあります。数字や肩書きなどは、

原則として投稿時点としました。

　私自身も長く企業取材をしてきましたが、なにかの資格があるわけではなく、この本にも専門家の目でみれば疑問符が付く記述があるかもしれません。とはいえ、日経は企業財務や株式市場について日本のメディアでおそらく最も多くの記事を書いています。取材の最前線にいる記者たちはどんな時にどんなところに目を付け、なにを考えるのか。そうした頭の体操を読者のみなさんに楽しんでいただければ幸いです。

　2022年7月

表 悟志

新人記者のみなさん　さあ決算取材です!　● 目　次

株価は会社の通信簿のようなものですか？

（2022年5月6日）

　新人記者のみなさん、上場企業にとって株価はリアルタイムの通信簿のようなものだと聞いたことはありませんか。ふつうに考えれば、株価は高いほうがいい、安いのはよくない、ということになります。経営者も株主も、株価が上がればうれしい、下がればくやしい、というのもその通りです。ところが、株価と通信簿には決定的に異なるところがあるのです。

☺ 株価は単純比較できない

　通信簿の成績であれば、100点をとったAくんは60点しかとれなかったBくんよりも賢いといえそうです。では、株価100円のA社と株価60円のB社はどうでしょうか。どちらがよい会社なのか。どちらが株式市場から高く評価されているのか。これは株価を単純比較するだけでは判断できないのです。

☺ トップは空気圧機器のSMC

　2022年5月のある日、東京証券取引所の最上位市場

「プライム」に上場している1800社あまりの株価をみてみましょう。株価がいちばん高いのはSMCという空気圧機器の会社で6万2910円でした。産業用ロボットなどを精密に制御する部品の世界最大手で立派な会社ですが、一般の知名度はいまひとつですね。

☺ ファーストリテイリング、任天堂…

2位は「ユニクロ」を展開するファーストリテイリングで6万1320円、3位はゲーム大手の任天堂で5万7840円でした。だれでも知っている大企業ですね。

4位以下は半導体製造装置メーカーの東京エレクトロン、センサー機器大手のキーエンス、コンサルティング会社のベイカレント・コンサルティング、半導体ウエハー研磨装置のディスコ、自転車部品や釣り具のシマノ、ソフトウエア検査受託のSHIFT、システム大手の富士通と続きます。

ちなみに株価が最も安かったのは中小型液晶メーカーのジャパンディスプレイ（JDI）で70円でした。もともと日立製作所、東芝、ソニーの液晶事業が統合して生まれた会社です。

☺ 株価トップ10はえりすぐり？

あらためてSMCから富士通まで株価トップ10の顔ぶれをみると、それなりに立派な会社ではあるものの、

1800社あまりのプライム上場企業からえりすぐりの10社かというと、ちょっとどうかな、という気がしてきますよね。例えば、日本を代表する優良企業であるはずのトヨタ自動車やソニーグループはどこにいってしまったのか。

☺ トヨタは596位

さがしてみると、ソニーは株価1万1110円で30位にありましたが、トヨタは2276円で596位という平凡なポジションです。株価そのものがその会社の価値なり、その会社に対する市場の評価なりをストレートに表すのなら、ソニーはトヨタの約5倍すばらしい会社であり、そのソニーの約5倍すばらしい会社がSMCということになりますが、現実はそうではありません。株価というのは、あくまで1株当たりの市場価値であり、その会社全体の価値ではないのです。

☺ 「株式時価総額」で比べると…

では、株価を他社と比べて優劣をつけるには、どんなやり方があるでしょうか。有力な物差しのひとつが「株式時価総額」です。株価に発行済み株式数をかけ算してはじき出すもので、理論的には「その会社の株式を100％買い占めるのに必要な金額」です。

これでみると、トヨタの株式時価総額は約37兆円と

東証プライム上場企業の株価上位30

（2022年5月6日、単位円）

1	SMC	62,910
2	ファーストリテイ	61,320
3	任天堂	57,840
4	東エレク	55,330
5	キーエンス	52,250
6	ベイカレント	42,100
7	ディスコ	31,600
8	シマノ	23,920
9	SHIFT	23,250
10	富士通	20,590
11	ダイキン	19,725
12	ファナック	19,650
13	オービック	19,030
14	OLC	18,740
15	信越化	18,275
16	レーザーテク	17,365
17	東映	17,200
18	JR東海	17,025
19	ヒロセ電	16,690
20	MARUWA	15,970
21	光通信	15,170
22	松竹	13,330
23	HOYA	12,865
24	ニトリHD	12,710
25	コーセー	12,550
26	コスモス薬品	11,790
27	しまむら	11,630
28	大東建	11,610
29	三井ハイテ	11,260
30	ソニーG	11,110

東証プライム上場企業の時価総額上位30

（2022年5月6日、単位億円）

1	トヨタ	371,329
2	ソニーG	140,106
3	NTT	139,737
4	キーエンス	127,076
5	三菱UFJ	103,533
6	KDDI	99,218
7	ソフトバンクG	89,077
8	東エレク	86,985
9	リクルートHD	79,235
10	信越化	76,145
11	任天堂	75,116
12	ソフトバンク	72,070
13	OLC	68,156
14	第一三共	66,491
15	三菱商	66,486
16	ファーストリテイ	65,044
17	中外薬	64,543
18	日立	63,032
19	伊藤忠	62,873
20	ホンダ	62,857
21	デンソー	61,334
22	武田	60,569
23	ダイキン	57,817
24	村田製	56,039
25	三井物	55,610
26	三井住友	54,590
27	7&I-HD	53,124
28	日電産	49,056
29	東京海上	47,552
30	HOYA	47,058

出所：QUICKデータから作成。社名は一部略称

2022年4月4日に東証再編でプライム市場が誕生

日本企業では圧倒的なトップ。2位はソニーの約14兆円、わずかな差で3位のNTTが追いかけています。NTTは2020年、NTTドコモを完全子会社にして時価総額が大きくふくらみました。

☺ プライム最小はピーバンドットコム

　ちなみにプライム上場企業で時価総額が最も小さいのはピーバンドットコムで約28億円。プリント基板を扱うインターネット通販サイトの運営会社です。同じプライム上場でも、トヨタとは1万倍を超える格差がありますね。

　プライム市場は「グローバルな投資家との建設的な対話を中心に据えた企業向け」といううたい文句で2022年4月4日に誕生しました。旧「東証1部」に代わる新

しい最上位市場なのですが、なぜピーバンドットコムの
ような中小企業が含まれているのか。

　その経緯をさぐっていくと、原点には20世紀末にソ
フトバンクの孫正義社長（当時）が仕掛けた日本版の米
ナスダック市場「ナスダック・ジャパン」があります。

　これが当時、東証との新興企業の争奪戦に発展しまし
た。関心のある記者さんは日本の株式市場の再編の歴史
を調べてみてください。

「株式時価総額」を みていますか？

02

（2021年12月17日）

　新人記者のみなさん、この12月は新規株式公開（IPO）ラッシュです。今週15日（水）には、市場関係者が注目していたネットプロテクションズホールディングスが上場し、株式時価総額は1340億円にのぼりました。成長ビジネスと目されている「BNPL（バイ・ナウ・ペイ・レイター）」という、要するに後払いサービスのフィンテック企業です。

☺ 注目IPOのネットプロHDは時価総額600位

　もっとも、ネットプロHDという会社の株式時価総額が1340億円と言われても比較対象がなければイメージできないかもしれません。これは全上場企業約3800社のうち、おおむね600位くらいの大きさです。それなりに知られた会社としては、ワコール、熊谷組、住友大阪セメント、エレコム、ラウンドワンといった会社と同程度です。

☺< 聞いたことのない会社が意外に大きい

　株式時価総額というのは、発行済み株式数に株価をかけ算したもので、株式市場における企業価値の物差しです。上はトヨタ自動車の約34兆円から、下は下で10億円未満まであります。そしてネットプロHDのように聞いたことのない会社が意外に大きかったり、だれでも知っている有名企業が小さかったりするわけです。新人記者のみなさんは、いろいろな企業の時価総額をチェックしてみてください。

☺< クイズです

　ここでクイズです。以下の中から時価総額の大小関係が正しいものを選んでください。

① ダイキン工業＞任天堂
② デンソー＞日立製作所
③ オリエンタルランド＞三菱商事
④ HOYA＞伊藤忠商事
⑤ SMC＞花王
⑥ シスメックス＞オリックス
⑦ エムスリー＞味の素
⑧ シマノ＞日産自動車
⑨ 日本ペイントHD＞日本製鉄
⑩ テルモ＞楽天グループ

⑪　レーザーテック＞三井不動産

⑫　ルネサスエレクトロニクス＞旭化成

⑬　キッコーマン＞メルカリ

⑭　ダイフク＞東京ガス

⑮　小糸製作所＞三菱重工業

⑯　神戸物産＞日清食品HD

⑰　JSR＞王子ホールディングス

⑱　コスモス薬品＞カシオ計算機

⑲　ファンケル＞山崎製パン

⑳　ビジョナル＞吉野家ホールディングス

㉑　MonotaRO＞大日本印刷

㉒　ネクソン＞SUBARU

㉓　浜松ホトニクス＞日本テレビホールディングス

㉔　エフピコ＞日本水産

㉕　ラクス＞ラクスル

㉖　オービック＞日本郵船

㉗　タカラバイオ＞宝ホールディングス

㉘　ベネフィット・ワン＞パソナグループ

㉙　GMOペイメントゲートウェイ＞GMOインターネット

㉚　東映アニメーション＞東映

㉛　LVMH＞東京エレクトロン

㉜　コストコ・ホールセール＞ソニーグループ

㉝　ショッピファイ＞NTT

㉞　貴州芽台酒＞ソフトバンクグループ

㉟　ジョンソン・エンド・ジョンソン＞トヨタ自動車

☺ 米 GAFAM ＞日本株全体

　どうでしょうか？　時価総額というのは経営者にとってはリアルタイムの通信簿のようなもので、ライバル企業との抜きつ抜かれつには神経質です。時価総額逆転の記事はよく読まれます。「GAFAM」と総称される米巨大IT企業5社が日本株全体を抜いたことも、日本経済の衰退の象徴として取り上げられました。**クイズは、すべて正しい、が正解です。**

☺ 「親子逆転」も

　㉗〜㉚は親子上場の子会社の時価総額が親会社を上回るケースです。かつてはNTTとNTTドコモもこうした関係にありました。「親子逆転」は理論上あり得ることではありますが、それにしても時価総額1兆557億円のGMOペイメントゲートウェイの株式の40％を保有する親会社GMOインターネットの時価総額が3071億円しかないのはどういうことなのか、考えてみてください。

☺ 会社の経営権の視点でみると…

　会社の経営権という視点でみると、親会社GMOインターネットの株式50.1％を握れば、より大きい子会社GMOペイメントゲートウェイの経営を、割安な手段で間接的に支配できるということです。

世界の上場企業の時価総額上位30

（2022年5月6日、主要市場、単位100万ドル）

1	アップル	米国	2,566,720
2	マイクロソフト	米国	2,054,710
3	アルファベット	米国	1,523,940
4	アマゾン・ドット・コム	米国	1,167,330
5	テスラ	米国	896,822
6	バークシャー・ハザウェイ	米国	705,345
7	メタ・プラットフォームズ	米国	551,507
8	ユナイテッド・ヘルス・グループ	米国	469,118
9	エヌビディア	米国	467,625
10	ジョンソン・エンド・ジョンソン	米国	463,785
11	台湾積体電路製造（TSMC）	台湾	461,281
12	騰訊HD（テンセント）	中国	427,611
13	ビザ	米国	422,302
14	ウォルマート	米国	411,706
15	エクソン・モービル	米国	387,452
16	プロクター・アンド・ギャンブル（P&G）	米国	374,290
17	JPモルガン・チェース	米国	365,322
18	ネスレ	スイス	352,565
19	三星電子	韓国	350,320
20	マスターカード	米国	337,720
21	貴州茅台酒	中国	336,944
22	シェブロン	米国	335,367
23	ホーム・デポ	米国	304,130
24	バンク・オブ・アメリカ	米国	301,730
25	LVMH	フランス	300,158
26	ロシュHD	スイス	287,883
27	トヨタ自動車	日本	284,587
28	イーライリリー	米国	282,752
29	コカ・コーラ	米国	280,650
30	ファイザー	米国	276,967

出所：QUICK データから作成

☺〳 あの経済事件も発端は

　みなさんがまだ小学生だった2005年、こうした親子関係のねじれを原因として、大きな経済事件がありました。新興IT企業のライブドアが民放大手フジテレビジョンの経営権を狙い、その後、粉飾決算をめぐる刑事事件に発展したライブドア事件です。

　当時、時価総額6000億円規模のフジテレビジョンの親会社（出資比率は30％台でしたが…）は東証2部のラジオ局ニッポン放送で、その時価総額は1000億円台。これに目を付けたのが村上ファンドの村上世彰氏やライブドアの堀江貴文氏でした。

　なぜニッポン放送とフジテレビが村上氏や堀江氏に狙われるような親子関係になってしまっていたのか。そこにはフジサンケイグループの波乱の歴史があるわけです。

株価を動かすのは「…の割に…」の評価です。

03

（2021年7月2日）

　新人記者のみなさん、本日7月2日（金）の三菱電機の株価を見てみましょう。悪質な検査不正が明るみに出て世間を騒がせている同社ですが、意外にも東京証券取

三菱電機の株価を QUICK 端末で見てみよう

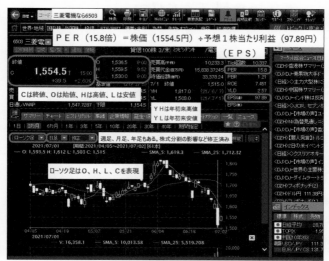

引所での終値は前日比 39.5 円（2.6％）高の 1554.5 円で
した。

☺⟨ 検査不正に組織的関与も「織り込み済み」

6月29日（火）夜に鉄道車両の空調装置の検査不正、
30日（水）夜にブレーキ部品の検査不正と組織的関与が
明らかになりましたが、これらの悪材料はそれぞれ翌日
の相場で株価に「織り込み済み」だったということで
す。このため本日2日（金）は、株価が割安とみた投資
家が早くも買いに回りました。

☺⟨ 有価証券としてみれば…

では、世間一般から非難されている会社であっても、
有価証券としてみれば魅力的という判断の根拠はなんで
しょうか？　一概にはいえませんが、その目安のひとつ
が PER（Price Earnings Ratio ＝株価収益率）です。

PER は1株当たり株価（要するに株価そのもの）を
EPS（Earnings Per Share ＝予想1株当たり利益）で割っ
て算出します。三菱電機の PER は 15.8 倍。大ざっぱに
いうと、三菱電機のいまの株価水準は同社の 15.8 年分
の稼ぎに相当するということです。

☺⟨ 稼ぎの割に株価が…

「PER が大きい＝稼ぎの割に株価が高い」「PER が小さ

三菱電機、悪質性高く

偽装プログラム80年代から
甘い処分 体質変わらず

三菱電機の鉄道用空調装置などの品質不正が、組織的に行われてきたことが鮮明になってきた。架空のデータを自動生成する専用プログラムを、遅くとも1980年代から使うなど、悪質な手口が改めて明らかになった。過去数年、不祥事が絶えず、不祥事が起こる度に調査と処分を徹底する姿勢を示すが、体質が改善された処分に厳しさも欠く。

（関連記事をビジネス2面に）

三菱電機の主な品質問題での役員処分

発覚時期	不祥事	報酬の返納額
2018年	子会社で仕様が不適合なゴム製品を出荷	10%・1カ月（ビルシステム事業担当）
19年	子会社で強度不足の鋳鉄製品を出荷	5%・1カ月（電力・産業システム事業担当）
20年	半導体製品を規格通りの検査せず出荷	担当役員が任期満了で退任し処分なし
	現地基準に適合しない車載用ラジオ受信機を欧州に出荷	5%・1カ月（自動車機器担当）
21年	安全性に適合しない樹脂を使った気密制御部品を出荷	調査中

(注)会社説明に基づく。いずれも対象は基本報酬月額

三菱電機は6月29日に7月1日の記者会見で「安全に関わる」と説明した。鉄道用空調装置などの新たな不正は事案を相次いで確認し、調査や検査がこれ以上できないと判断したと述べた。国土交通省から報告を受けた業者に、入念な検査と早急な報告をするよう通達していた。

このプログラムを使うと、事前に条件を入力すると、型式ごとのプログラムに書き込んだ報告書に自動的にデータを入れ込み、架空の検査結果をはじき出せる。三菱電機はこの自動発覚した。空調圧縮機は、設計について検証する手順も省略しており、組織的な関与はより根深いとみられる。

2020年に現地基準に適合しない車載用ラジオ受信機を欧州に出荷していたこともわかった。杉山武史社長は任期中に約7億円で、その後任役員らにも特別報酬を返納する。数値目標を掲げ、自分の部門の利益を最優先にする風土が不正の温床になったとされる。

三菱電機では過去のデータを最低レベルに引き下げ、車で受け渡している、とも指摘する。

企業の不正に詳しい浜辺陽一郎弁護士は役員の処分が軽いとし「重大さに比べて報酬返納の水準は低い。『安全性能』について虚偽の試験をしていたことが問題になりかねない」と指摘。

三菱電機株
一時109円安
一カ月ぶり安値

1日の東京株式市場で、三菱電機株は続落し、一時前日比1割8%（103円）安の995円と、1カ月ぶりの安値を付けた。

三菱電機ではこの数年、品質を巡る不祥事が相次いでいる。原因の一つに、個々の事業所に入社後は最初の配属先の事業部門から出ないことが少なく、目線は社内と内向きになりがちだと指摘する。

正に機能するソフトウエアを車に搭載していたこの結果、本来や顧客よりも自身が属する事業部門を優先する企業風土が蔓延していた。

三菱電機は今回、外部弁護士による調査委員会を設置。より厳しい処分を下すべきだと話す。

い＝稼ぎの割に株価が安い」というわけですが、実は
PER の割高と割安の境目は個別企業や業種によっても、
その時々の金利水準などによっても変わってきます。
30 日付朝刊には、富士通の PER20 倍が魅力的かどうか
という記事がありました。

　もちろん、株価は PER だけで決まるものではありま
せん。日産自動車は赤字予想のため PER が算出できま
せん。エムスリーのように PER が 100 倍を超える会社
もさほど珍しくありません。プロの投資家たちが企業の
適正株価（フェアバリュー）をどんな風にはじき出して
いるかは、財務分析記事を書くうえで重要な視点になり
ます。

「バリュエーション」を見ていますか？

04

（2021年12月10日）

　新人記者のみなさん、機関投資家や証券会社のアナリストなど市場関係者に取材すると、「バリュエーションでみると割安なのですが…」「このバリュエーションは許容できないですね」など、株価のバリュエーション（Valuation＝価値評価）の話になることが多いかと思います。

☺ バリエーションではありません。

　バリュエーションとは要するにPER（株価収益率）、PBR（株価純資産倍率）、配当利回りといった株価の割高・割安を判断する手がかりになる各種指標のことです。日常会話でよく使うバリエーション（Variation＝変化、種類）と紛らわしいですが、バリュエーションです。

☺ クイズです。

　ここでクイズです。以下の銘柄と数字（％）をみて、何というバリュエーションか分かりますか？（8日時点です）

- メルカリ　0.6%
- 三越伊勢丹HD　0.9%
- 資生堂　1.1%
- 第一三共　1.2%
- リクルートHD　2.2%
- エムスリー　2.4%
- 日本マクドナルドHD　3.1%
- ZOZO　3.1%
- ソニーグループ　4.1%
- 東京エレクトロン　4.1%
- セブン＆アイHD　4.3%
- 東芝　5.8%
- トヨタ自動車　8.7%
- NTT　9.8%
- みずほFG　14.3%
- 伊藤忠商事　14.5%
- ENEOS HD　19.9%
- 日本製鉄　30.1%
- 川崎汽船　57.6%
- JR東日本　算出できず
- 帝国ホテル　算出できず

どうでしょうか？　お気づきのようにコロナで赤字転落したJR東日本と帝国ホテルが「算出できず」なので利益に関係するバリュエーションなのですが、あまり馴染みがないかもしれません。これは「**株式益回り**」というバリュエーションです。

☺ EPS を株価で割って算出

株式益回りは予想1株当たり利益（EPS）を株価で割って算出します。例えば伊藤忠商事はEPSが504円、株価が3460円なので株式益回りは14.5％となります。大ざっぱに言うと、いま株を買えば、伊藤忠は1年間でその元手の14.5％を稼ぎ出してくれる会社ですよ、という意味です。

☺ 実は PER の逆数

勘のいい記者さんは気づかれたかと思います。株式益回りというのは、実はPERの逆数です。つまりPERの計算式の分母と分子をひっくり返したものです。PERが20倍の銘柄であれば、株式益回りは1／20で5％となります。

インターネットの株価情報画面などには表示されていないことがありますが、個人的には、逆数であってもわざわざ計算するのは面倒なのでPERとともに表示すればいいのに、と思います。PERを株式益回りに換算す

ることで、金融商品としてイメージしやすくなるからで
す。

☺ 極端に低いのは別のバリュエーションの影響

　メルカリ、三越伊勢丹HDといった株式益回りが極端
に低い（言い換えればPERが極端に高い）銘柄は、利益
水準が低いため株価形成に株式益回り（言い換えれば
PER）が与える影響が小さいと解釈できます。メルカリ
であれば将来の利益成長の期待、三越伊勢丹であれば店
舗の不動産価値などによって、株価がある水準より下が
りにくくなっている可能性があります。

日本製鉄のPERは歴史的低水準、
PERの逆数である株式益回りは歴史的高水準

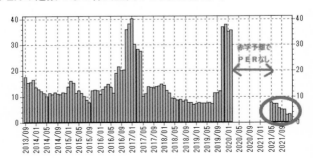

☺〈 川崎汽船はバブル、でも日本製鉄は？

　一方、株式益回りが極端に高い川崎汽船、日本製鉄はどうでしょうか？　川崎汽船については、海運大手3社のコンテナ船共同出資会社、オーシャン・ネットワーク・エクスプレス（ONE、シンガポール）が日本企業とその連結会社の中でトヨタ自動車に次ぐ利益を上げる見通しです。それはコロナ下の一過性のバブルに過ぎない、という見方で一応の説明はできるかもしれません。

☺〈 期待利回り30％を放置

　しかし、高炉休廃止と鋼材値上げで業績を急回復させた日本製鉄の株式益回り30.1％というのは歴史的な水準で、ベテラン投資家の多くが「さすがに売られ過ぎではないか」という感想を抱くと思います。それでも、この期待利回り30％の金融商品が、7％近い予想配当利回りがありながら放置されているのが今のマーケットの地合いということです。

☺〈 「イールドスプレッド」とは

　長期金利（10年国債利回り）から株式益回りを引き算した差を「イールドスプレッド」といいます。現在、日本の長期金利は0.05％ですから、株式益回りがほぼそのままイールドスプレッド（マイナス）と考えて差し支え

ありません。一般に投資家にとってイールドスプレッド
（マイナス）が大きければ株式の魅力が増し、小さければ
債券の魅力が増します。

☺ 特殊な状況か

　この考え方で日本製鉄株をみてみると、元本リスクを
取らない国債では利回りが0.05％しかないのに、リスク
を取って日本製鉄株を買えば30.1％のリターンが期待で
きます。しかも予想配当利回りが7％近い日本製鉄株が
ここからさらに下げる可能性はどのくらいあるだろう
か、と考えていくと、ある意味で特殊な状況といえそう
です。

☺ バブル相場ピークのバリュエーション

　ちなみに、新人記者のみなさんが生まれる前、日経平
均が史上最高値3万8915円を付けたバブル経済のピー
ク1989年の大納会12月29日のバリュエーションはどう
だったでしょうか。日経平均のPERは実に62.38倍、東
証1部の株式益回りはわずか1.61％でした。日本製鉄の
前身である新日鉄のPERは65.8倍でした。長期金利が
5％台半ばだった時代です。それでも、当時は「来年こ
そ日経平均4万円」という楽観ムードが優勢だったわけ
なので、いま振り返れば市場は冷静な判断力を失ってい
たのかもしれません。

☺︎〈 バリュー投資は死んだか

　現在の日経平均の PER は 13 倍台で、バリュエーショ
ンを重視する「バリュー投資家」にとっては割安ゾーン
のはずですが、「日本株はオワコン」という言説すら出
てきています。「バリュエーションが効かなくなった」
「バリュー投資は死んだか」といった視点は、日本に限
らず近年の世界の株式市場をめぐる大きなテーマになっ
ています。

株価指数も株価材料になるのはなぜ？

（2021 年 9 月 10 日）

05

　日本経済新聞社が6日（月）に**日経平均株価**の構成銘柄入れ替えを発表しました。キーエンス、村田製作所、任天堂を採用し、日清紡ホールディングス、東洋製缶グループホールディングス、スカパーJSAT ホールディングスを除外するというものです。

☺ 各業種を代表する 225 銘柄

　日経平均採用の 225 銘柄は業種バランスを考えつつ、日本を代表する企業として選ばれていますが、時代に合わせて必要な入れ替えをしています。

☺ 「値がさ株」 の任天堂を採用

　記事にあるように、今回から指数算出の新ルールが適用されました。株価水準の高い「値がさ株」を係数で調整する仕組みです。株価が5万円を超える任天堂は代表的な値がさ株です。

　発表の翌7日（火）の各社の株価騰落率は以下の通り。

任天堂など3銘柄採用

日経平均入れ替え

日本経済新聞社は6日、日経平均株価を構成する225銘柄の定期見直しで3銘柄を入れ替えると発表した。市場流動性の点からキーエンス、村田製作所、任天堂を採用する。

業種セクター間の銘柄数の過不足調整により日清紡ホールディングス、東洋製缶グループホールディングス、スカパーJSATホールディングスを除外する。10月1日の算出から入れ替える。

今回から7月発表の新しい選定ルールを適用した。構成銘柄の株価調整には、みなし額面でなく構成銘柄の株価換算係数を使う。定期入れ替えの市場へのインパクトを抑えるため、入れ替え銘柄数に上限を設けて3つとし、採用時の株価は市場価格を原則用いるが著しく高ければ一定水準以下となる株価換算係数を設定する。この点からキーエンスと任天堂の同係数を0・1、村田製は0・8とする。

　　◇

日本経済新聞社は29日から日経平均株価を構成する3銘柄のみなし額面を変更する。各社が実施する株式分割や株式併合の比率に応じて変更する。10月1日からは、これを踏まえた株価換算係数を設定する。

▽双日（500円→2500円）、TDK（50円→3分の50円）、トヨタ自動車（50円→10円）

出所：日本経済新聞 2021 年 9 月 7 日朝刊

［採用］

キーエンス	5％高
村田製作所	6％高
任天堂	1％高

[除外]

日清紡 HD	11％安
東洋製缶 GHD	15％安
スカパー	3％高（一時2％安）

☺〈 投資家が「パッシブ運用」で機械的売買

　日経平均株価の銘柄入れ替えは非常に大きな株価材料となります。巨額資金を運用する機関投資家などが、運用成績を日経平均株価など主要な株価指数（インデックス）に連動させる「パッシブ運用」をしているからです。「インデックス運用」ともいいます。

☺〈「平均点」の成績でよい

　これは相場全体の動きを表す株価指数と同程度の「平均点」の成績でよいという受け身の運用スタイルです。一つ一つの銘柄の業績などとは関係なく、指数に採用されれば機械的に買い、除外されれば機械的に売ります。

　証券アナリストは有望銘柄の発掘のため、新聞記者は報道のために一つ一つの企業を懸命に取材していますが、パッシブ運用の投資家はそんな手間ひまやコストはかけません。このため、株価指数に採用されるかどうかが業績と同じように大きな株価材料になっているのです。

☺ 市場再編のもう一つのテーマが TOPIX

　2021年9月時点で「東証1部」には約2200社が上場していますが、22年4月の市場再編後の最上位市場「プライム」の基準を満たすのは7割ほど。ボーダーライン上の企業がプライム基準を満たすために創業者の持ち株を売り出したりするのは、プライムという金看板だけが目的ではありません。

☺ 段階的に TOPIX から除外

　東証1部の全銘柄で算出されてきた東証株価指数（TOPIX）はプライム基準を満たさない企業を段階的に採用銘柄から外していきます。TOPIXでのパッシブ運用は巨額なので、採用銘柄から外れると株価下落につながりかねないのです。ちなみに日銀と年金積立金管理運用独立行政法人（GPIF）はそれぞれ50兆円規模の日本株を保有しており、その大半がTOPIXによるパッシブ運用です。

☺ S & P500 採用でテスラが急騰

　パッシブ運用は世界的にふくらんでおり、2020年11月には米ダウ・ジョーンズが電気自動車のテスラをS＆P500種株価指数に採用すると発表し、テスラ株が急騰する場面がありました。外国株ではS＆P500やMSCI

日経平均採用銘柄から外れた東洋製缶 GHD の株価

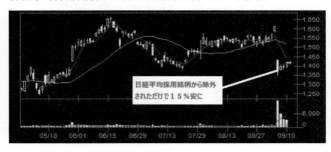

日経平均採用銘柄から除外
されただけで１５％安に

指数の採用、除外がよく材料になっています。

　しかし、みんながみんなパッシブ運用になってしまう
と、個別銘柄の株価は果たして適正なのか、という疑問
もわいてきます。日経平均採用銘柄から除外されただけ
で15％も下がった東洋製缶 GHD の値動きは、ある意味
で市場の機能不全の表れでもあるわけです。

☺ 株価指数先物という金融商品

　ところで、株価指数そのものも「先物」という金融商
品となって売買されています。未来のある決められた時
点の日経平均株価をいま買ったり、売ったりしていま
す。その決済日の時点で日経平均が上がっていれば買い
手の利益、下がっていれば売り手の利益です。「それな
ら現物株と同じではないか」と思うかもしれませんが、
それでも先物が存在する理由があるのです。

☺ きょう10日（金）は「SQ」

　ちなみに日経平均先物の場合、3月、6月、9月、12月の第2金曜が決済日。本日10日（金）の取引開始直後に**特別清算指数**（SQ = Special Quotation）という決済のための日経平均株価3万0160円が算出されました。SQは明日11日（土）のマーケット面に掲載されます。

☺ 先物にリスクヘッジ機能

　先物は農産物や原油、金属などの資源にもあり、世界で広く取引されています。商品先物というと世間では「投機」のイメージが強いのですが、根幹には未来の売値をいま確定しておきたい生産者、未来の買値をいま確定しておきたい需要家のリスク回避（ヘッジ）のニーズがあります。そうした実需の取引に巨額の投資マネーが乗っかっているのが先物市場です。コロナショック真っただ中の2020年4月には、実需のない投資家の投げ売りによって原油先物が史上初のマイナス価格になりました。

☺ コメ先物は上場廃止に

　農水省は2021年8月、大阪の堂島取引所に試験上場されていたコメ先物の本上場を認めず、コメ先物は上場廃止となります。JAグループを中心に「主食のコメを

投機の対象にするな」という声が根強いのですが、もと
もとコメ先物は江戸時代からの歴史があり、先物本来の
ヘッジ機能を考えれば議論が分かれるところです。

株価が下がりやすい日も。
そこかしこに「基準日」

06

（2021年9月24日）

今週23日（木）付投資情報面に、鶴見製作所の2021年4〜9月期の配当（中間配当）の記事が載っていました。東京五輪のカヌー・スラローム競技場にポンプを提供したことを記念して中間配当に「カヌスラ記念配」を2円上乗せするというものです。

競技場にポンプ納入

五輪カヌー記念配

鶴見製作所、2円上乗せ

ポンプ大手の鶴見製作所は、いい水流を生み出したり、流れた水をくみ上げたりするポンプを約30台納めた。大型タイプは高さ5・4½、重さは約10½と国内最大級だという。

22日、2021年4〜9月期の中間配当で2円の「カヌスラ記念配」を上乗せすると発表した。年間配当は38円（前期は36円）になる。

東京五輪のカヌー競技場に水中ポンプを納入、開催を支えた。スラロームコースで使うポンプを手がけ、都内に開設されたカヌー競技場に激しいスラロームコース向けに激しい水流を作り出した。

同社は水処理施設インフラ工事でポンプを手がけ、22年3月期は連結売上高が前期比4％増の470億円、純利益が2％減の40億円を見込んでいる。

出所：日本経済新聞 2021年9月23日朝刊

☺ 株式の決済受け渡しには「T＋2」のルール

この記念配を含む中間配がもらえるのは9月末すなわち9月30日（木）時点の株主ですが、30日に同社株を

買っても間に合いません。株式取引の決済受け渡しには「T＋2」（Trade date ＝取引日の2日後）というルールがあるので、30日（木）時点の株主名簿に載るのは、2営業日前の28日（火）までに買った株主です。

☺ 29日（水）は中間配の「権利落ち日」

このため28日（火）は権利付き最終売買日、29日（水）は権利落ち日と言われます。3月期決算で中間配当のある会社の株式は29日（水）に中間配の分だけ下がりやすくなります。

☺ 日経平均と日経平均先物との価格差は…

日経平均株価と日経平均先物12月物の価格差にも、この配当落ち分が表れています。日経平均の本日24日（金）終値は3万0248円、決済日が配当落ち後となる先物12月物は3万0150円でした。この差額の約100円の大半が日経平均採用225銘柄の9月中間配当分です。

☺ 近年は「優待クロス」取引が大流行

28日（火）は配当と同じく、株主優待の権利付き最終売買日でもあります。外食、小売りなどは株主優待目当ての個人株主が多数います。この日に現物株を買うと同時に信用取引で同じ銘柄を売り建て、翌日以降に反対売買すると、理論上は株価の動きにかかわらず株主優待が

タダ取りできます。現実にはそれほど簡単ではないのですが、こうした**「優待クロス」**取引は近年、大流行しました。ちなみに信用取引は売り建てている間の配当相当額を負担しなくてはならないので「配当クロス」はありません。

☺ 関西スーパーの争奪戦を左右する「基準日」

このように株主として何かの権利を得るには、その権利の「基準日」の株主名簿に載っていなくてはなりません。ときには基準日が非常に大きな意味を持つことがあります。大阪と兵庫が地盤の中堅食品スーパー、関西スーパーマーケットをめぐる百貨店大手 H2O リテイリングと食品スーパー、オーケーによる争奪戦がそのひとつです。

関西スーパーは 2016 年に資本業務提携した H2O と友好関係にあり、H2O が発行済み株式の 10% を持っています。一方、非上場ながら関東ではディスカウント業態の有力スーパーとして知られるオーケーも関西スーパー株を約 7% まで買い進め、なんとか傘下に収めて関西に進出しようと動いていました。

オーケー傘下に入りたくない関西スーパーは、オーケーを振り払うべく H2O との経営統合を決断しました。H2O との経営統合と H2O 子会社との株式交換を発表したのは 8 月 31 日（火）のこと。これを特別決議で決める

42

総会6時間 僅差の可決

関西スーパー 統合効果に疑問の声も

関西スーパーマーケットがエイチ・ツー・オー・リテイリング（H2O）傘下の食品スーパー2社と統合することが29日決まった。臨時株主総会では3分の2以上の賛成が必要な株式交換議案に対し、賛成比率が66〜68%という薄氷の可決となった。背景には、株主が会社提案にむやみに賛成するのではなく、企業価値向上につながるかを冷静に判断するようになっていることがある。（1面参照）

た。株主からは「なぜ業績の悪い関西スーパーに対し、H2Oとの統合を選ぶのか」「統合効果を疑問視する質問が相次いだ。

株主、企業価値の向上重視

兵庫県伊丹市のホテルを呼びかけていた第3位で午前10時に始まったの食品スーパー、オーケー（横浜）の三宮総会には1470人が出席、関西スーパーに賛同提案し、関西スーパーに反対した。

総会ではH2O系との統合について関西スーパーと、オーケーの福谷耕治社長らが共同仕入れや物流の効率化で価値を高めると説明し、涼太郎社長も企業を訪れ断念した。

（後略）

出所：日本経済新聞 2021年10月30日朝刊

臨時株主総会は10月29日（金）開催なので、オーケーにも2カ月ほど巻き返しの時間が残されているように見えますが、そうではありません。臨時総会の議決権の基準日は9月15日（水）なのです。

☺ TOB期間に「20営業日以上」ルール

オーケーが急いで株式公開買い付け（TOB）をして持ち株比率34%まで買い進め、特別決議を阻止するという選択肢は、はなから封じられていました。TOB期間

には既存株主が応じるかどうか十分に検討できるよう「20営業日以上」というルールがあり、基準日の9月15日には間に合わないのです。市場で強引に買い進めても、「T＋2」を考えると、9月13日（月）の期限までわずか9営業日しかなく、34％まで持っていくのは事実上、困難とみられます。

　オーケーは関西スーパーの上場来高値という破格の条件でTOBをする準備があると明らかにしていますが、これは関西スーパーの臨時株主総会でH2Oとの経営統合が否決されることが大前提です。H2Oが関西スーパーに友好的TOBをかける経営統合スキームならオーケーとしても高値で対抗TOBができたのですが、それができないスキームに仕立てたところがH2Oサイドとアドバイザーのしたたかさです。

増資で株式が薄まると…

07

（2021 年 8 月 27 日）

　新人記者のみなさんが書く上場企業の記事は、すべて投資家の目に触れ、株式の売買材料となります。とりわけ株価の反応が大きいニュースのひとつが、新しく株式を発行して投資家からお金を集める「**増資**」です。

☺ 昭和電工、コロワイドは公募、ぐるなびは第三者割当

　今週は昭和電工、コロワイドが公募増資を発表し、いずれも翌日の株価は約10％も下落しました。一方、楽天グループなどを引受先とする第三者割当増資を発表した、ぐるなびの翌日株価は5％高でした。なぜなのか考えてみましょう。

☺ 株式の「希薄化」

　公募増資によって昭和電工の発行済み株式は2割強、コロワイドは約15％増えます。これによって計算上、1株当たり利益（EPS）が下がり、株価をEPSで割った株価収益率（PER）が上がります。「増資によって株価が割高になった」と解釈できるわけです。これが**株式の**

昭和電工、1100億円増資

半導体材料の生産増強

昭和電工は23日、国内・海外での公募増資などで約1100億円を調達すると発表した。調達資金は半導体材料の生産能力を増強する設備投資に充てる。2020年に約1兆円で日立化成（現昭和電工マテリアルズ）を買収し、事業価値を高める「事業整理に一旦めどがついたが、事業整理に一旦めどがついた。成長投資にかじを切る。公募増資や需要に応じた追加売り出し（オーバーアロットメント）により「フィルム」の生産能力を国内外で増強する。世界シェア首位の半導体封止工程用の研磨剤は、新たに

株の発行済み株式数の2割増に相当する。最大調達予定額の10093億円のうち、約70億円は半導体関連に充てる。コロナ禍でもデジタル機器の売れ行きが好調で半導体関連は需要が伸びている。生産体制を拡充して需要に対応する。

232億円を投じて品質と生産能力を高める。顧客の半導体関連メーカーが先端材料を組み合わせて試作できる拠点などに110億円を投じ、設備を充実させる。

まず248億円を投じ、プリント基板に使う「銅張積層板」や「感光性フィルム」の生産能力を国内外で増強する。さらに電子材料の加工に使う高純度ガスの生産増強に59億円、次世代半導体材料の炭化ケイ素（SiC）ウェハーやリ

チウムイオン電池部材の生産増強には58億円を投じる。半導体関連のほか、成長事業と位置づける自動車は樹脂部品の生産能力増強には82億円、再生医療関連では82億円をそれぞれ千当する。設備投資に回した分と残った。

およそ2000億円は借入金・返済などに充てる。21年以降、アルミ缶や食品用ラップ、プリント配線板、鉛蓄電池などの事業、上場子会社の昭和電工の売却を相次ぎ発表しており、成長のドライバーとなる半導体関連に格種投資し、収益拡大への道筋をつける。

同社は25年12月期に売上高を20年12月期比で6割増の1兆6000億円、EBITDA（利払い・税引き・償却前利益）は同6.4倍の3200億円に高める目標を掲げて

「希薄化」という考え方で、株価下落の主な理由とされます。

☺ よくよく考えると…

しかし、よくよく考えると、増資した分だけお金が入ってきて資産は増えるわけです。それでもほとんどの場合、株価がいったん下落するのは、「そのお金はすぐに利益を生むわけではない」「配当負担が増える」といった希薄化への警戒感が先行するからです。

☺ 株価はさえないのに

しかも昭和電工もコロワイドも株価がさえない局面です。有利な資金調達ができないのにあえて増資するのですから、多くの投資家は懐疑的にならざるを得ません。

増資を発表した昭和電工の株価は大幅に下落

☺ ぐるなび株は上昇

では、増資で株価が上がった、ぐるなびはどうなのか。同社は発行済み株式数の約15％の新株を発行するので、希薄化については昭和電工やコロワイドと同じです。異なるのは、広く一般から株主を募る公募増資ではなく、楽天グループなどを引受先とする第三者割当増資であることです。市場はコロナ下で赤字が続いているぐるなびについて「楽天グループが経営関与を強めた。危機は後退した」と、とりあえず前向きに受け止めたといえます。

大事なお金がかかっている投資家のニュース判断はドライで忖度などとは無縁です。記者のみなさんは、どんなニュースに株価がどう反応したか、をウオッチして企業経営を見る目を養ってください。

上場初値が急騰する「IPO」の怪。

08

（2021年9月3日）

　新人記者のみなさん、JR西日本が1日（水）に発行済み株式の3割近い公募増資を発表しました。希薄化懸念で翌2日（木）の同社株は一時16%安まで下げました。公募増資に対して市場は「売り」で反応することが多いのですが、反対に株価が急騰しやすいのが**新規株式公開**（IPO ＝ Initial Public Offering）です。

☺ モビルスの初値は43%高

　2日（木）に東証マザーズにIPOしたサイト分析会社、モビルスは公募・売り出し価格1280円に対して初値（初めて取引が成立した価格）は43%高の1830円、一時2062円まで上げ、終値は1780円でした。公開価格で買うことができた投資家が初値で売り抜ければ、最低売買単位100株の場合、元手12万8000円で5万5000円の利益が出る計算です。

☺ 日本市場に特有の現象

　こうしたIPO初値急騰は、公募・売り出し価格が安く

決まりやすい構造になっている日本市場に特有の現象です。IPO企業にしてみれば、市場で高く評価されることは喜ばしいことである一方、「適正な公募・売り出し価格であれば、同じ金額をもっと少ない新株発行で調達できたはずだ」という不満も募るわけです。

☺ 公正取引委員会が調査

公正取引委員会は最近、初値高騰をめぐって調査を開始しました。優越的地位にある証券会社が、投資家にとって魅力的な商品に仕立てるために公募・売り出し価格を低く押さえつけているのではないか、という疑念があるからです。

☺ 「初値天井」も多く

ところが、問題はそう簡単ではありません。実は「初値天井」という言葉があるほど、IPO企業の株価が初値から大きく下げて長期低迷するパターンが多いのも日本市場に特有の現象なのです。2020年に公募・売り出し価格2400円の12倍近い初値2万8560円を付けて話題になったAIシステム会社、ヘッドウォータースは8月に5110円まで下げています。

☺ 極めて小さいIPO

モビルスもヘッドウォータースもIPOで調達したのは

わずか数億円。多くのIPO企業の規模が国際的にみて極めて小さいことも初値高騰の原因のひとつです。なぜ小規模なIPOが多いのかを考えていくと、スタートアップ

モビルスの上場初値は急騰

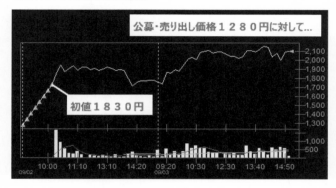

公募・売り出し価格１２８０円に対して...

初値１８３０円

ヘッドウォータースは高い初値をつけたがその後下落

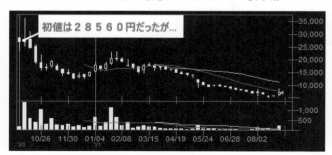

初値は２８５６０円だったが...

と資本市場という大きな取材テーマが見えてきます。

　以下は基本的なIPO用語です。

- **公募**…新株を発行して資金調達。
- **売り出し**…創業者やベンチャーキャピタルなど既存の大株主らが持ち株を放出。（資金調達ではない）
- **オーバーアロットメントによる売り出し**…投資家の需要が強い場合に証券会社が大株主から借りて追加で売り出す株式。証券会社に対する第三者割当増資を伴う場合、その分だけ資金調達が増える。

投資情報面にようこそ。
決算集計表を読み解こう。

（2021年8月20日）

09

　新人記者のみなさん、4〜6月期の決算発表が終わり、本日20日（金）付の投資情報面に大きな決算集計表が載りました。記事に書かれていることのほかに何が読み取れるか、数字を追って考えてみましょう。

上場企業の主要業種別連結業績動向

単位億円、カッコ内は前年同期、前期比増減率％。▲は損失または減少。上段は2021年4〜6月期実績で計1686社を集計。下段は22年3月期通期予想で、売上高と最終損益の予想をともに開示した計1529社が対象

	社数	売上高	経常損益	最終損益
食品	66	31,449（ 2.1）	2,362（ 9.7）	1,735（ 24.8）
	64	127,535（ ▲1.7）	6,770（ ▲18.5）	5,655（ 4.3）
繊維	33	11,439（ 23.5）	834（ 2.8倍）	556（ 4.3倍）
	32	48,468（ 13.1）	1,557（ ▲11.4）	1,857（ 3.0倍）
パルプ・紙	14	11,358（ 11.4）	730（ 3.4倍）	509（ 4.0倍）
	14	47,145（ 6.5）	2,614（ 32.7）	1,542（ 24.7）
化学	126	70,977（ 22.3）	8,389（ 2.3倍）	5,871（ 2.9倍）
	124	286,802（ 8.6）	25,151（ 21.5）	18,533（ 40.2）
医薬品	25	23,823（ 12.7）	4,850（ 25.6）	3,530（ 27.4）
	25	89,745（ 4.7）	11,593（ 7.7）	8,812（ ▲6.2）
石油	7	41,468（ 34.4）	3,336（黒字転換）	2,165（黒字転換）
	7	179,532（ 19.8）	4,888（ 5.7）	2,790（ 10.4）
鉄鋼	31	35,796（ 27.5）	4,142（黒字転換）	2,825（黒字転換）
	30	155,995（ 29.2）	6,001（ 5.1倍）	7,846（ 22.0倍）
非鉄金属	74	41,694（ 31.8）	3,181（黒字転換）	2,227（黒字転換）
	73	171,546（ 12.1）	9,995（ 34.1）	6,474（ 36.1）

機械	135	61,246（ 28.5）	5,502（ 7.6倍）	3,721（ 26.4倍）
	131	254,662（ 10.6）	18,250（ 34.0）	12,567（ 47.2）
電気機器	145	187,365（ 28.8）	17,795（ 92.0）	12,641（ 2.2倍）
	140	738,274（ 8.2）	59,960（ 8.3）	45,284（ 8.8）
自動車・部品	52	200,799（ 70.7）	20,918（黒字転換）	15,204（黒字転換）
	52	834,714（ 14.9）	55,185（ 22.7）	39,353（ 50.6）
精密機器	28	14,698（ 36.4）	1,978（ 6.4倍）	1,457（ 8.6倍）
	26	52,349（ 11.4）	3,411（ 39.2）	3,541（ 3.2倍）
製造業合計	837	768,877（ 34.0）	76,887（ 5.5倍）	54,463（ 13.5倍）
	816	3,137,631（ 11.1）	214,577（ 18.7）	160,690（ 34.1）
建設	86	56,935（ 3.4）	2,834（ ▲8.5）	1,278（ ▲34.4）
	84	270,833（ 4.3）	16,160（ ▲11.1）	10,356（ ▲13.6）
商社	161	239,536（ 25.3）	15,204（ 3.1倍）	11,185（ 3.5倍）
	145	330,022（ ▲0.5）	8,696（ 13.1）	5,796（ 15.9）
小売業	63	29,720（ ▲0.7）	1,256（ ▲5.0）	800（ 67.6）
	59	119,611（ ▲4.1）	5,241（ 6.6）	3,194（ 80.8）
不動産	35	21,446（ 8.4）	2,594（ 43.5）	1,788（ 81.8）
	35	97,446（ 7.7）	10,475（ 21.0）	7,056（ 21.8）
鉄道・バス	26	22,476（ 17.7）	▲1,581（赤字縮小）	▲1,102（赤字縮小）
	24	111,368（ 17.1）	740（黒字転換）	609（黒字転換）
空運	3	3,361（ 67.1）	▲1,495（赤字縮小）	▲1,106（赤字縮小）
	1	13,800（ 89.4）	50（黒字転換）	35（黒字転換）
通信	18	63,080（ 7.4）	21,745（ 29.4）	13,478（ ▲22.6）
	16	200,287（ 0.8）	18,662（ ▲36.1）	19,008（ 10.6）
電力	13	36,804（ ▲19.8）	1,671（ ▲44.9）	955（ ▲52.4）
	13	165,820（ ▲21.0）	5,180（ ▲38.9）	3,763（ ▲38.1）
サービス	234	75,979（ 10.3）	9,419（ 95.4）	6,055（ 2.4倍）
	199	279,130（ ▲2.8）	27,555（ ▲2.9）	17,026（ 4.8）
銀行	82	53,788（ ▲3.7）	15,379（ 64.4）	12,469（ 92.4）
	35	20,485（ ▲4.6）	3,101（ ▲2.6）	2,082（ ▲3.3）
金融を含む非製造業合計	849	746,129（ 9.3）	84,228（ 77.0）	58,996（ 63.0）
	713	1,929,901（ ▲1.2）	125,484（ 9.2）	90,278（ 39.9）
金融を含む全産業合計	1,686	1,515,006（ 20.6）	161,116（ 2.6倍）	113,459（ 2.8倍）
	1,529	5,067,533（ 6.1）	340,062（ 15.0）	250,968（ 36.2）

注：対象は3月期本決算の全国上場企業。ジャスダックとマザーズの上場会社、親子上
　　場の子会社、決算期変更会社を除く。国際会計基準、米国会計基準の採用会社は税
　　引き前損益を経常損益とした。連結決算ではない会社は単独決算で集計

出所：日本経済新聞2021年8月20日朝刊

☺ 集計対象

（注）に「3月期本決算」の上場企業とあります。本決算月が異なるブリヂストン（12月期）、キリンホールディングス（12月期）、セブン＆アイ・ホールディングス（2月期）などは対象外、ジャスダック、マザーズの上場企業も比較的規模が小さいので対象外にしています。

☺ 「親子上場の子会社」を除くのは…

「親子上場の子会社」を除いているのはなぜでしょうか。親子上場の子会社とは日立製作所に株式の51%を持たれている日立建機のような上場会社のことです。子会社の決算は親会社の連結決算に取り込まれているので二重計算を避けるため除いています。

☺ 業種別の社数

4〜6月期実績は全体で1686社ですが、業種別の社数はばらつきがあります。

少ないところでは空運が3社、石油が7社、電力が13社、パルプ・紙が14社。社会インフラをになう規制業種や巨大装置を必要とする製造業はもともと参入障壁が高く、構造不況期には需給調整のための合従連衡が進み、さらに寡占化されてきました。

一方、社数が多いのはサービスの234社、商社の161

社、電気機器の 145 社など。空運、電力などに比べて業種の定義が広いうえ、大手から中小まで多様な専門分野で重層的な業界構造が築かれていることが分かります。

☺ 業種別の利益率

22年3月期の全産業の売上高予想は約506兆円、最終利益予想は約25兆円なので、利益率は約5%となります。ただし、業種別でみると、ばらつきは大きいです。空運や鉄道・バスなどコロナが直撃したところは極端に低く、薄利多売の小売業も3%足らず、建設も4%に届きません。一方、付加価値の高い医薬品は約10%、電気機器は約6%に達しています。携帯料金に官製値下げ圧力がかかった通信も9%と高くなっています。

☺ 4〜6月期実績と22年3月期予想の比

ほとんどの業種は4〜6月期の最終利益を単純に4倍にすると、22年3月期予想を大きく上回ります。これにはいくつか理由があります。

☺ 業績予想は一般に保守的

ひとつは企業の業績予想というのは一般に保守的であること。楽観的な甘い予想を開示しておいて達成できずに下方修正すると、投資家からの信用を失うことになります。

　この4〜6月期の場合は、海外を中心にコロナで押さえつけられていた需要の反動増が大きく、いつまで勢いが続くか分からないという面があります。ここにきて半導体や機械などで指摘される「仮需」が需要を見かけだけふくらませている可能性もあります。

☺ 総合商社やメガバンクは予想非開示

　商社と銀行の最終利益は4〜6月期の実績よりも22年3月期のほうが少なくなっています。これらの業種は投資失敗や不良債権処理などで巨額損失を出すこともありますが、その可能性を反映しているわけではありません。総合商社やメガバンクが予想を開示しておらず、22年3月期の予想から抜けているのです。

☺ 建設会社には季節性

　一方、建設は22年3月期の予想が4〜6月期の実績の8倍に達しています。一見すると予想が過大なようですが、官公需の多い建設は自治体予算の執行が少ない4〜6月期は閑散期なのです。季節変動の大きい業種や個別企業はほかにもあります。

☺ ソフトバンクグループの影響

　通信の4〜6月期の最終利益は約1兆3000億円で利益率は21％、22年3月期では約1兆9000億円で9％と急失

速するように見えます。これは22年3月期に予想非開示のソフトバンクグループ（SBG）が含まれていないためです。

☺⟨ 全産業の予想を左右

4〜6月期は約1兆3000億円のうち約7600億円がSBGによるものでした。21年3月期は日本企業で過去最高の約5兆円の最終利益を上げた会社なので、SBG次第で通信という業種ばかりか、実は全産業の予想も大きく左右されるのです。

☺⟨ 実質的に投資会社

SBGは通信に分類されていますが、実質的には投資会社です。その利益の中身は保有株式の未実現の評価益が多くを占めています。利益は利益なので集計に含めるのは当然ですが、それ次第で日本企業全体が増益か減益か、というところまで影響が大きくなっています。

コロナで急増。
「繰り延べ税金資産」ってなに？

（2021年9月17日）

航空・鉄道5社の繰り延べ税金資産

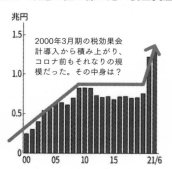

兆円

2000年3月期の税効果会
計導入から積み上がり、
コロナ前もそれなりの規
模だった。その中身は？

注：3月末、21年のみ6月末も表示。10年はJAL
除く。日経NEEDSのデータを加工

新人記者のみなさん、今週15日（水）付けの投資情報面に「航空鉄道大手、繰り延べ税金資産が急増」の記事が掲載されました。**「繰り延べ税金資産」**とは何なのか考えてみましょう。

☺ 企業会計と税務会計

投資面で「JR東日本の21年3月期、最終赤字5779億円」などと報じている決算は「企業会計」の話です。企業会計の決算書には税金をいくら払ったか載ってはいます。ただし、その税額は企業会計ではなく、「税務会計」

で計算した「課税所得」に税率を掛けてはじき出された
ものです。

ややこしい話なのですが、税務会計の課税所得と企業
会計の決算書にある「税金等調整前当期純利益」は、税
引き前の利益を意味するという点では似ていますが、計
算方法は異なり、金額も一致しません。

☺ 税務当局は「損金」をなかなか認めない

経営者は、企業会計の決算では少しでも多く利益を上
げて立派に見せたいのですが、一方で税務会計の課税所
得はできるだけ少なくして税負担を減らしたいと考える
ものです。ところが税務当局は厳しく、企業会計のルー
ルでは費用として計上できるものも、なかなか税務上の
費用である「損金」に算入させてくれません。このた
め、経営者の思いに反して課税所得は大きくなりがち
で、税金もいったんは余計に払うことになります。

☺ 企業会計は「税効果会計」で調整

こうした企業会計と税務会計のズレを企業会計上で調
整する「税効果会計」が2000年3月期に導入されまし
た。税務当局は損金算入についてはとても厳しいので、
企業会計上はあらかじめ「調整」して、純利益が不当に
低く見えたり、資産が不当に少なく見えたりすることが
ないようにしましょう、という考え方です。

☺ 繰り延べ税金資産はコロナ前からたくさんある

　航空鉄道大手の繰り延べ税金資産のグラフをみると、コロナ前からそれなりに積み上がっていたことが分かります。これらは「税務当局が損金算入を認めてくれれば払わなくてもよかった税金」、言い換えれば「いずれ損金算入が認められるまでの間、一時的に仮払いしておいた税金」の累積です。

☺ 発生原因は有価証券報告書に

　JR東日本の有価証券報告書で繰り延べ税金資産の発生原因を見ていきましょう。

　記事の焦点となっている「税務上の繰り越し欠損金」を除くと、金額が最も大きいのは「退職給付引当金」です。企業会計では将来に支払わなくてはならない退職金を毎期少しずつ費用計上していくのですが、税務上の損金算入ができるのは実際に支払ったときです。

　約7万人の従業員がいるJR東日本には「退職給付に係る負債」が4822億円あります。おおざっぱに言うと、これに税率をかけた分が退職給付引当金を原因とする繰り延べ税金資産1322億円ということです。

☺ 「評価損」と「実現損」

　有価証券評価損はあくまで「評価損」であり、税務当

JR東日本の21年3月期の有価証券報告書

（税効果会計関係）
1　繰延税金資産および繰延税金負債の発生の主な原因別の内訳

（単位：百万円）

	前事業年度 （2020年3月31日）	当事業年度 （2021年3月31日）
繰延税金資産		
税務上の繰越欠損金	―	183,636
退職給付引当金	144,005	132,256
有価証券評価損	5,412	18,288
環境対策費	7,464	17,713
賞与引当金	17,500	14,112
減損損失	14,494	12,938
貸倒引当金	65	12,834
ポイント引当金	9,778	11,015
その他	44,373	40,070
繰延税金資産小計	243,094	442,866
税務上の繰越欠損金に係る評価性引当額		△36,210
将来減算一時差異等の合計に係る評価性引当額	△25,825	△59,032
評価性引当額小計	△25,825	△95,242
繰延税金資産合計	217,269	347,623
繰延税金負債		
固定資産圧縮積立金	△25,450	△28,441
その他有価証券評価差額金	△15,910	△23,550
その他	△3,110	△5,450
繰延税金負債合計	△44,471	△57,441
繰延税金資産の純額	172,797	290,182

局は売却して「実現損」になるまで損金算入を認めません。営業不振のホテル建物の「減損損失」も理屈は同じで、安値で売却するまで損金になりません。スイカなどのポイント引当金も、消費者が実際にポイントを使うまでは課税所得から差し引くことはできません。こうした未実現の評価損や費用に税率を掛けた分が繰り延べ税金資産として積み上がるのです。

☺ 「繰り越し欠損金」は期限付き税金割引券

いろいろな繰り延べ税金資産がある中で、記事の焦点

となった「繰り越し欠損金」はやや性質が異なります。コロナ下の航空鉄道各社のように課税所得がマイナスになると、そのマイナス分は翌期から10年間、課税所得がプラスになったときに一定のルールに基づいてプラス分から差し引くことができます。いわば期限付きの税金割引券です。

　JR東日本の場合、課税所得がプラスになりさえすれば、繰り越し欠損金を差し引くことによって1836億円の税金が割り引かれるはず、ということです。

☺〈 期限内に使い切れるか

　しかし、課税所得が十分にプラスにならなければ、繰り越し欠損金が使い切れないこともあり得ます。10年間のうちに使い切れなければただの紙切れなので、ほかの繰り延べ税金資産に比べて不確実性が大きいですよ、というのが記事の問題意識です。

☺〈 資本金1億円の中小企業になると…

　コロナ下でJTB、スカイマーク、はとバス、藤田観光、毎日新聞社といった一部の有名企業が資本金を1億円に減資して「中小企業」になりました。メリットのひとつが繰り越し欠損金をめぐる節税です。大企業はプラスの課税所得に対して繰り越し欠損金で相殺できる割合に制限がありますが、中小企業はプラス分を100％相殺

して課税所得ゼロにすることもできます。企業経営における税金は、記者にとっても非常に大きな取材テーマなのです。

新人記者はまずこれ。
ROE分析は難しくないです。

（2021年10月15日）

11

　新人記者のみなさん、もうすぐ上場企業の2021年4〜9月期決算の発表がピークを迎えます。企業というものはヒト、モノ、カネ、その他いろいろな切り口で分析できますが、ひとつの有価証券としての実力をはかる場合の主たる物差しが「ROE（Return On Equity＝自己資本利益率）」です。

☺ 自己資本は株主が企業に託したお金

　「自己資本」とは要するに株主が企業に託したお金のことで、貸借対照表（バランスシート、BS）の右側の下の部分にある「資本」とか「純資産の部」とかのことと考えてほぼ差し支えありません（厳密には「自己資本」「株主資本」「純資産」は定義が少しだけ異なりますが、ひとまず大体同じと考えましょう）。

　その自己資本に対して年間で何％の純利益を上げているかがROEです。自己資本100億円、純利益10億円のA社のROEは10％です。自己資本80億円、純利益10億円のB社のROEは12.5％です。純利益は同じでも株主

が託したお金を効率よく利益につなげているB社のほう
がA社よりも有価証券として魅力的ともいえます。

☺ ROE分析は3要素のかけ算

　ROE分析は、ROEを3つの要素のかけ算に分解する
のが基本です。具体的には「売上高純利益率」×「総資
産回転率」×「財務レバレッジ」です。字面だけみると
難しく感じるかもしれませんが、現実のお金の流れにあ
わせて「財務レバレッジ」×「総資産回転率」×「売上
高純利益率」という順で考えれば簡単なので是非、身に
付けてください。

　米化学大手デュポンが編み出した経営分析手法なので
「デュポン分析」とも呼ばれています。

☺ ビジネスの元手を負債で増やす「財務レバレッジ」

　株主が託したお金つまり自己資本が100億円だとして
も、やりたいビジネスにもっと元手が必要なら、世の中
には銀行というところがあるわけですから借金をすれば
いいのです。また世の中には「株式は紙くずになった
り、半値になったりするリスクがあるからお金を出せな
いけれど、毎年決まった利息が付いて期限が来たらほぼ
確実に元本が戻ってくる『債券』なら買ってもいいよ」
という投資家がいるので、「社債」を発行してお金を調
達することもできます。そのお世話をするのが証券会社

ROE は 3 つの要素に分解できる

財務レバレッジ		総資産回転率		売上高純利益率
$\dfrac{\text{自己資本＋負債}}{\text{自己資本}}$	$\times$	$\dfrac{\text{売上高}}{\text{総資産}}$	$\times$	$\dfrac{\text{純利益}}{\text{売上高}}$
ビジネスの元手を借入金などの負債でどのくらい上乗せしたか		工場や店舗などの資産がしっかり売り上げにつながっているか		「薄利多売」などにならず、十分な利益が出ているか

の仕事のひとつです。

☺ **バランスシートの右上に**

　銀行借入金や社債は貸借対照表（バランスシート、BS）の右側の上の部分にある「負債」に計上されます。これによって株主が託した「自己資本」（大体「資本」「純資産」と同じ）に借入金や社債など「負債」が上乗せされ、ビジネスの元手となるお金が増えるわけです。

☺ **レバレッジは「てこ」**

　例えば、自己資本100億円に対して借入金と社債で100億円を調達すると、元手が100億円から200億円に2倍に増えるので財務レバレッジは2倍です。「レバレッジ」は「てこ」という意味で、企業財務や投資の世界では重要な概念です。

負債は借入金や社債など「有利子負債」ばかりではありません。が、とりあえず有利子負債しかないものと考えましょう。3要素のかけ算の第1段階で、自己資本という元手に財務レバレッジをかけ算してお金を2倍に増やしました。

☺ 売上高につながっているかをみる「総資産回転率」

いま貸借対照表の右側が200億円になりました。左側はその200億円の元手で手に入れた「資産の部」つまり「総資産」です。具体的な中身は200億円の元手で買った工場などの生産設備や営業用車両、原材料、ソフトウエア、使い残している現金などです。

そして、この総資産に対してどのくらいの年間売上高が上がっているかが「総資産回転率」です。総資産200億円に対して年間売上高が100億円なら総資産回転率は0.5回となります。

3要素のかけ算の第2段階では、「お金を集めて工場やら営業車やらの資産を買いそろえたのはいいけれど、ちゃんと売上高につながっているのか」が問われます。財務諸表でいえば、貸借対照表（BS）の「総資産」と損益計算書（PL）の「売上高」のつながりをみているのです。

☺ 薄利多売では高まらない「売上高純利益率」

売上高に対して最終的に手元に残る純利益は何％ある
か。これが第3段階の「売上高純利益率」です。ビジネ
スが一見繁盛しているようでも、「薄利多売」や「売れ
ば売るほど赤字」は株主にとって有り難くない話です。
純利益が原資となる配当金はあまり期待できず、株価も
上がりにくくなってしまいます。一方、独自の高い技術
力のある優良企業などは、ここが20％、30％というこ
ともあります。

☺ スタートからゴールへ

おさらいすると「自己資本という元手にどのくらい負
債を上乗せしたか（財務レバレッジ）」→「負債を上乗
せした元手で手に入れた総資産がちゃんと売上高につな
がっているか（総資産回転率）」→「売上高がちゃんと
純利益につながっているか（売上高純利益率）」という
流れです。スタートが「自己資本」（ROEの分母）、ゴ
ールが「純利益」（ROEの分子）となります。

☺ ROEを上げるずるいやり方も

一般にROEが高い企業は優良企業であり、経営者は
優秀といえるのですが、お気づきのように、ROEを高
めるだけなら、ずるい方法もあります。3要素のうち経

営判断でコントロールできる財務レバレッジを高めれば
いいのです。

　例えば、どんどん借金をして財務レバレッジを高め、
そのお金で店舗を増やしたりすれば、薄利多売のままで
も ROE は財務レバレッジの分だけ上昇します。超低金
利のいま、有利子負債を増やして財務レバレッジを高め
るのは難しいことではありません。

☺ 超低金利で企業の財務規律は

　財務レバレッジは ROE の３要素で唯一、高ければ高
いほどいい、とはいえないところです。先日、日経朝刊
に載った独立系投資信託会社、さわかみ投信の意見広告
に「企業は金利コストで鍛えられることもなく…」とい
うフレーズがありました。大したコスト負担もなく財務
レバレッジを高められる現在の超低金利下で、企業の財
務規律は緩みやすいと言えるかもしれません。

　このほか、自社株買いをして自己資本を減らすことで
財務レバレッジを高める方法もあります。米国では借金
をして、そのお金で自社株買いをするという企業も少な
くありません。

☺ 「ROE など眼中にない」 という経営者も

　ところで、いまでこそ上場企業にとって「１丁目１番
地」のように思える ROE ですが、日本で経営目標とし

て定着したのはさほど古い話ではありません。1998年
の日経産業新聞には「ROE など眼中にない」の見出し
で三菱重工業・相川賢太郎会長のインタビュー記事が載
っていました。相川氏は日本の製造業経営に関する持論
を述べたうえで、「ハーバード・ビジネススクールの発
想を日本に持ってきてもらったら困る」「魅力がなけれ
ば株主はさっさと株を売ればいい」と主張しています。
これらは今日も少なからぬ経営者の本音ではないか、と
私などは思っています。新人記者のみなさんはトップ取
材で是非、聞いてみてください！

ROE8％を目標にせよ。
改革の原典「伊藤レポート」

（2021年10月22日）

ROE（自己資本利益率）の続きです。「ROEなど眼中にない」と思っていても、それを堂々と言ってのける経営者はいなくなりました。日本の資本市場でも上場企業はROEを高めるべきだというコンセンサスができあがっています。

☺ ROE目標8％を提唱

伊藤邦雄氏

では、ROEを何％まで高めればいいのか。その問いに「8％」という答えを出したのが、2014年に経済産業省が伊藤邦雄・一橋大学教授を座長に据えてまとめた「伊藤レポート」です。「持続的成長への競争力とインセンティブ〜企業と投

資家の望ましい関係構築〜」という長いタイトルが付いています。

☺ 問題は売上高純利益率が低いこと

伊藤レポートは日本企業のROEが低いのは、3つの要素のうち売上高純利益率に問題があるからだと分析しました。レポートをざっと要約すると「日本は世界有数のイノベーティブな国なのに、日本企業はここ20年くらい低収益に甘んじている。日本の持続的な成長のために企業はもっと株主を重視しなくてはならない」という提言です。

☺ 日本の資本市場の論点を網羅

「魅力がなければさっさと株を売ればいい」という考え

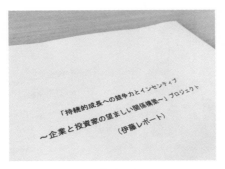

「持続的成長への競争力とインセンティブ
〜企業と投資家の望ましい関係構築〜」プロジェクト
（伊藤レポート）

大きな流れを生み出した「伊藤レポート」

方はダメ出しされたわけですが、それだけではありません。日経テレコンで日経記事を検索すると2014年以降、「伊藤邦雄」「伊藤レポート」で500件超がヒットします。約100ページのレポートに、経営者と投資家のショートターミズム（短期主義）、パッシブ運用の増加、経営者のインセンティブ体系、情報開示のあり方、といった日本の資本市場をめぐる論点がほぼ網羅されており、新人記者のみなさんも原典を読むといろいろ発見があるはずです。

なぜ8％なのか

例えば「ROEを高めるのはいいとして、その具体的な目標がなぜ8％なのか」という疑問があります。8％は「ROEが資本コストを上回らなければ、企業価値の持続的成長につながらない」という大原則から導き出した水準とされていますが、そもそも「資本コスト」というのは、ROEのように簡単に計算できるものではありません。

資本コストは投資家によって異なる

資本コストは、企業に自己資本を出してくれる株主にとってのコストのことです。株式は紙くずになる可能性があり、値上がりも配当も保証されません。「そういう不確実なものにお金を出すからには最低でもこのくらい

のリターンがなければ見合わない、そのくらいのリスクを取っている」というのが資本コストですが、お気づきのように、それぞれの株主の考え方やお金の調達の仕方によって変わってくるのです。

☺〈 エーザイCFO柳氏のアンケート

　伊藤レポートを読むと、製薬大手エーザイの柳良平・最高財務責任者（CFO）が2012年に国内外の約100の機関投資家にアンケートしたところ、資本コストは国内投資家が平均6.3％、海外投資家が平均7.2％だったというデータが「ROE目標8％」の拠りどころのようです。

　柳氏はエーザイ入社後にUBS証券に転じ、エーザイに戻ってきた人物で、早稲田大学で教壇に立つなど企業財務の世界では知られた存在です。数字が一人歩きするように唱えられてきたROE8％の根拠が約100社のアンケート調査というのは、ちょっと意外ですね。

☺〈 伊藤氏は「ミスター社外取」

　レポートの冠となっている伊藤邦雄氏はセブン＆アイ・ホールディングスの最高実力者だった鈴木敏文会長に引導を渡した「ミスター社外取締役」として知られる会計学者です。コーポレートガバナンス改革の第一人者と目されていて、最近では「ROESG（ROEとESGの造語）」という新しい経営指標を提唱するなど産業界に積

極的に働きかけています。

☺ ソニー取締役会議長は転向

　一橋大のミスター社外取といえば、米国型の資本主義を強く支持し、その実践のため退官して1999年にソニー取締役に転じたマクロ経済学者、中谷巌氏も有名です。中谷氏はその後、自らが信じてきた米国型資本主義が社会の荒廃につながってしまったとの思いから、学者としての思想を変えています。

☺ アナリストのインセンティブ

　話が脱線してしまいましたが、伊藤レポートには証券アナリスト（セルサイド・アナリスト）は、どんな手段で、どんなインセンティブで企業とやり取りしているのか、なども書いてあります。新人記者のみなさん、どんな情報も必ず原典を確かめるという取材の基本を大事にしましょう。

「コーポレートガバナンス・コード」ってなに？

13

（2021年10月30日）

新人記者のみなさん、伊藤レポートの基本認識を踏まえて金融庁と東証が上場企業の統治（ガバナンス）の指針として2015年にまとめたのが「コーポレートガバナンス・コード（CGコード）」です。3年ごとに改訂されてきました。これも原典を読んでみましょう。全部で25ページです。

☺ 具体的な基準も

CGコードの冒頭に掲げられた基本原則は5つ。①株主の権利・平等性の確保②株主以外のステークホルダーとの適切な協働③適切な情報開示と透明性の確保④取締役会等の責務⑤株主との対話——です。

基本原則の下に原則があり、その下に補充原則という3重構造になっていますが、企業にとってやっかいなのは、その一部に具体的な基準が決まっていることです。

☺ プライム企業は独立社外取「3分の1以上」

例えば「原則4−8」によると「プライム市場上場会

社は独立社外取締役を少なくとも３分の１以上選任すべき」で、その「補充原則４－８③」によると、プライム市場の上場子会社の場合はもっと厳しく「過半数」となります。プライム市場は来年４月創設ですが、東証１部の約３割がこの原則を満たしていない実態があります。

☺️ 順守するか、説明するか

CGコードは「コンプライ・オア・エクスプレイン＝Comply or Explain＝順守するか、（順守できない理由を）説明するか」という原則で運用されています。この原則にそって企業は「コーポレートガバナンス報告書」を開示しています。

プライム市場が創設されると、「独立社外取が３分の１以上」という基準を満たさない会社はなぜ満たせないのか説明しなければならないのですが、一方で独立社外取の人材が不足している実態があります。「形式だけ整えて、ガバナンスが向上するだろうか」という疑問もわいてきますね。

☺️ 議事録や資料を見てみると…

CGコードそのものはルールブックのような体裁ですが、これを策定した有識者会議の議事録や資料を読んでみると、発見があります。例えば第５回会合で冨山和彦氏（経営コンサルタント）が出した意見書をみると、新

卒から勤めて内部昇格で60歳近くになって経営トップに就く典型的な日本のCEOが世界的にみるとかなり特殊であることがよく分かります。

☺「やらされ感」も

議事録からは当時の企業統治改革の熱気も伝わってきますが、現在のCGコードは「やらされ感」も強まっている印象です。新人記者のみなさんも、CGコードをめぐってそれぞれの企業が今どんな動きをしているのか是非取材してみてください。その会社の組織風土のようなものが見えてくるかもしれません。

「スチュワードシップ・コード」は機関投資家の「すべき集」

（2021 年 11 月 5 日）

　新人記者のみなさん、上場企業の統治のあり方の指針「コーポレートガバナンス・コード（CGコード）」と車の両輪の関係にあるのが機関投資家の行動原則「**日本版スチュワードシップ・コード（SSコード）**」です。2014年に策定され、やはり3年ごとに改訂されてきました。「責任ある機関投資家の諸原則〜投資と対話を通じて企業の持続的成長を促すために〜」と題した原典は21ページ。こちらも読んでみましょう。

人様のお金を預かって運用

　機関投資家というのは、簡単に言えば人様のお金を預かって運用している組織のことで、具体的には年金基金、信託銀行、アセットマネジメント会社、保険会社などです。SSコードは、日本経済再生のためには株主である機関投資家が上場企業の持続的成長を促すような行動をとらなければならない、そのためにこうすべきだ、という「すべき集」です。

「環境」株主提案、全て賛成

三菱UFJフィナンシャル・グループの株主総会会場前で環境対策を訴える人たち（6月29日、東京都千代田区）

アセマネOneなど2社

日本企業にアクティビストの波

環境関連の株主提案には賛否が分かれた	三菱UFJ	みずほ	三井住友
アセマネOne	○	○	○
三井住友DSアセット	○	○	○
野村アセット	×	○	×
ゴールドマン・サックス・アセット	○	×	○
三井住友トラスト・アセット	×	×	○
日興アセット	×	×	×
大和アセット	×	×	×
三菱UFJ国際	×	×	×
ブラックロック・ジャパン	×	×	×

（後略）

出所：日本経済新聞 2021年10月6日朝刊

☺ 上場企業を甘やかしてきた過去

　機関投資家にとっての顧客は年金や保険の加入者、投資信託を購入した個人投資家などであり、こうした顧客の利益を最優先に考えて投資先の上場企業に向き合うのが本来の務めです。ところが、日本においては旧財閥グループの株式持ち合い、融資や保険契約といった取引関係が優先されてきました。SSコードの根底にあるのは、

歪んだ関係の下で上場企業が甘やかされ、日本経済の衰退を招いたという問題意識です。

☺ 約300の機関投資家が受け入れ

SSコードはCGコードと同じく法的強制力はありませんが、現在までに約300の機関投資家などが受け入れてSSコードに沿って行動しており、上場企業の経営判断にも大きな影響を与えつつあります。

☺ 議決権行使の方針と結果を公表

SSコードの8つの「原則」のうち、最も影響が大きいのは、議決権行使について方針や結果の公表をすべきと定めた原則5です。行使結果は「個別の投資先企業及び議案ごとに公表すべき」とされ、実際にアセットマネジメント会社などが公表しています。

☺ 親会社の取締役選任案に反対票

例えば、2020年の野村ホールディングスの定時株主総会では、子会社の野村アセットマネジメントが取締役選任案の一部に反対票を投じました。野村ホールディングスで東証市場再編をめぐる情報漏洩の不祥事があったからです。野村アセットは議決権行使の方針として「株主価値を大きく毀損する行為が認められる場合、それについて責任を有すると判断される者の取締役選任に反対

する」と決めて公表しており、賛否も公表しなければならないので、親会社だからといって特別扱いはできなかったのです。

☺ 東芝は完全アウト

21年6月の東芝の定時総会では永山治議長の再任が否決されましたが、多くの機関投資家と同じく野村アセットも反対票を投じています。東芝の主幹事証券会社は野村証券なのですが、20年の株主総会をめぐって「株主に不当な圧力をかけた」とされる東芝のガバナンスはSSコードに照らすと完全アウトということでしょう。

☺ 買収防衛策にはほとんど反対

SSコードの影響で機関投資家の反対票が増えているのが、買収防衛策の導入や、社外取締役が少なかったり、独立性が低かったりする取締役選任案、役員退職慰労金などです。とりわけ買収防衛策は経営陣の保身とみなされて導入や更新はほとんど反対されるため、ある大手不動産会社などは更新の議決のために取引先との持ち合い株を増やしたとみられます。

会社に批判的な**物言う株主**（アクティビスト）らの株主提案についても、機関投資家はSSコードに基づく議決権行使の方針に照らして賛成票を投じるケースが少なくありません。

☺ 環境関連の株主提案に注目

SSコードは20年の改訂で「ESG」などサステナビリティーに関する項目を追加しており、環境保護や脱炭素に絡む株主提案への議決権行使にも影響していく可能性があります。先日、日経朝刊に「アセマネOneなど資産運用2社、環境株主提案にすべて賛成」の記事が掲載されましたが、このような動きが広がるのか注目されます。

☺ 関西スーパーはどうだったか

関西スーパーのH2Oグループ入りの特別決議は66.68%という薄氷の可決でした。機関投資家の株主は少ないようですが、賛否はいずれ公表されるはずです。議決権行使助言会社のグラスルイス、ISSはいずれも反対推奨しており、機関投資家は反対に回った可能性もありそうですが、果たしてどうでしょうか。

☺ 形式主義の懸念も

伊藤レポート、コーポレートガバナンス・コード、スチュワードシップ・コードによって、資本市場をエンジンとして日本経済を再生させるシナリオが描かれたわけですが、なかなか軌道に乗らないままです。コードの基準を満たしさえすればいいという形式主義に陥ってしま

ったのか、資本市場のほかに通商政策や雇用や教育の枠組みなどがネックになっているのか、取材の視野を広げていく必要がありそうですね。

焼きサンマ定食で考える「コングロマリット・ディスカウント」

15

（2021年11月12日）

　新人記者のみなさん、今週は日経のスクープ「東芝、事業ごとに3分割」に驚いていたところに、米総合電機ゼネラル・エレクトリック（GE）の3分割も発表され、株式市場における「コングロマリット・ディスカウント」に対する関心が高まりました。

☺ 複合企業の株価は実力に比べて安いか

　コングロマリット・ディスカウント（Conglomerate Discount）とは、複数の事業を抱えるコングロマリット（複合企業）の株価が株式市場で本当の実力に比べていくらかディスカウント（割引）で評価される現象のことです。とりわけ相互に相乗効果がない事業の寄せ集めの場合、大きなディスカウントになりやすいとされます。

☺ 焼きサンマ、プリン、トーストの定食は売れるか

　分かりやすく焼きサンマ定食に例えると、「焼きサンマ」「みそ汁」「ごはん」の3事業の組み合わせであれば相乗効果もあるので800円でいいけれど、「焼きサンマ」

「プリン」「トースト」の3事業だと500円でも売れない、といったような話です。

☺ ばら売りして足し合わせると…

そこで、焼きサンマ、プリン、トーストをばら売りにすれば、「焼きサンマは食べたいが、プリンとトーストはいらない」という人が焼きサンマを買い、「プリンは食べたいが、焼きサンマとトーストはいらない」という人がプリンを買ってくれる可能性があります。

こうしてバラバラにした焼きサンマ、プリン、トーストの値段を足し合わせると旧焼きサンマ定食を上回るはずだ、というのが東芝やGEがやろうとしていることです。

☺ アクティビストの要求、ソニー応じず

コングロマリット・ディスカウントは物言う株主（アクティビスト）がよく主張する理論で、数年前にはソニーグループに対して有力アクティビストの米サード・ポイントがソニー本体から半導体（CMOS）事業と金融事業をそれぞれ切り離すよう要求しました。ソニーはグループ全体で相乗効果が働いていると主張して要求に応じず、金融事業はむしろTOBでソニーフィナンシャルホールディングスを完全子会社にしています。

☺ 総合商社、ソフトバンクＧも？

　三菱商事、三井物産、伊藤忠商事といった多数の事業を抱える総合商社のPER（株価収益率）が５倍前後の低水準に抑えられているのもコングロマリット・ディスカウントが一因とされています。同じく多数の企業に投資している投資会社はどうでしょうか。ソフトバンクグループのPERは総合商社と同じ６倍程度ですが、著名投資家ウォーレン・バフェット氏の米バークシャー・ハザウェイは24倍と開きがあります。

☺ 「SOTP分析」で試算

　コングロマリット・ディスカウントというものは、発生しているのか、していないのか、計測しにくい面があります。財務分析では、あくまで試算として「SOTP分析」がよく使われます。SOTP（Sum Of The Parts）とは各部分の足し算のことです。

☺ 用語は小難しいが考え方はシンプル

　一般的なSOTP分析では「EV（事業価値）＝株式時価総額＋純有利子負債」と「EBITDA（利払い・税引き・償却前利益）」、さらに「EV／EBITDA倍率」という３つの財務指標を使います。用語だけみると小難しいのですが、手順はシンプルなので考え方を頭に入れておきまし

SOTP（サム・オブ・ザ・パーツ）分析の考え方

焼きサンマ定食(株)は、焼きサンマ、プリン、トーストという相乗効果のない3事業を手がけています。このコングロマリットを、焼きサンマ(株)、プリン(株)、トースト(株)に3分割する場合を考えます。

【分割前の焼きサンマ定食(株)】
EV(事業価値)＝500億円(株式時価総額300億円＋純有利子負債200億円)
EBITDA(利払い・税引き・償却前利益)＝50億円
・焼きサンマ事業のEBITDA＝20億円
・プリン事業のEBITDA＝20億円
・トースト事業のEBITDA＝10億円
EV／EBIDA倍率＝500億円÷50億円＝10倍

【①分割後の焼きサンマ(株)】（焼きサンマ業界のEV／EBITDAは18倍が相場）
EBITDA20億円×18倍＝理論上のEV360億円
【②分割後のプリン(株)】（プリン業界のEV／EBITDAは15倍が相場）
EBITDA20億円×15倍＝理論上のEV300億円
【③分割後のトースト(株)】（トースト業界のEV／EBITDAは12倍が相場）
EBITDA10億円×12倍＝理論上のEV120億円

【①②③を合算すると…】
理論上のEV＝360億円＋300億円＋120億円＝780億円
（うち200億円は純有利子負債なので）
理論上の株式時価総額＝580億円

　つまり、3事業を別々に評価すれば理論上の合計時価総額は580億円になるのに、焼きサンマ定食(株)というコングロマリットに寄せ集められているから300億円にしかならない。280億円分（約48％）のコングロマリット・ディスカウントが生じている、という理屈です。

＊EV（事業価値）に純有利子負債が含まれることに「借金がなぜ価値なのか」とひっかかっている記者さんもおられると思います。EVは企業買収でよく使うモノサシで、要するにその企業をまるごと買う場合の買収者の資金負担と考えると分かりやすいです。企業を買収すれば、その企業がもともと抱えてきた借入金ももれなく付いてくるし、その借入金で買った資産も手に入るわけなので。

ょう。

　EBITDA は、営業利益に減価償却費を足し戻したもので、大ざっぱに言うと「キャッシュ（現金）を稼ぐ力」です。一方、EV は株式時価総額に純有利子負債（有利子負債から手持ちの現金などを差し引いたもの）を足したもので、抽象的な言い方ですが、「事業の価値」と考えましょう。

☺〈「キャッシュを稼ぐ力」に対して「事業の価値」は…

　そして、「キャッシュを稼ぐ力」に対して「事業の価値」がどのくらいになっているか、というのが「EV／EBITDA 倍率」です。このくらいのキャッシュを稼ぐ力には、このくらいの事業の価値が認められる、というこの倍率には、世の中のいろいろな事業ごとに相場があります。

☺〈 事業ごとに EV を試算して合計

　例えば、GE は「航空機エンジン」「電力」「ヘルスケア」に３分割されます。GE がこれら３事業別の EBITDAを開示していれば、それぞれに航空機エンジン事業のEV／EBITDA 倍率の世間相場、電力事業のEV／EBITDA 倍率の世間相場、ヘルスケア事業のEV／EBITDA 倍率の世間相場をかけ算し、その３つの数字を足し合わせれば、理論上は GE を３分割した後の３社合

計の EV になります。

☺︎ 理論上のディスカウントが分かる

　この理論上の EV が現在の GE の EV を上回っていれば、その分だけ現在の GE の株式時価総額がコングロマリット・ディスカウントされている、という理屈です。SOTP 分析には、企業が開示していない数字をどう工夫して仮定するか、といったハードルがありますが、考え方そのものは難しくありません。

☺︎ 東芝の戦略委の声明にも

　東芝の戦略委員会が本日発表したステートメントもコングロマリット・ディスカウントに触れています。資本市場の視点で複合企業をみる場合に必ず浮かんでくるテーマなので、新人記者のみなさんも経営トップへの取材などで見解を聞いてみてください。

株価が上がると
ROEは上がりますか？

（2021年11月19日）

16

　新人記者のみなさん、2021年4〜9月期決算発表のピークが過ぎましたが、企業財務や資本市場の基本的なところは十分に理解できていますか？　以下の○×クイズ30問でチェックしてみてください。

① 借入金の利払いが増えると、営業利益が減少する

② 工場の人件費が増えても、売上総利益（粗利益）は減少しない

③ 設備投資を100億円すると、その期の営業利益が100億円減少する

④ 100億円を借り入れると、その期の経常利益が100億円減少する

⑤ 100億円の特別利益を計上すると、その期の経常利益が100億円増える

⑥ 営業利益が経常利益を下回ることはない

⑦ 持ち合い株式（投資有価証券）の株価変動は必ず純利益に影響する

⑧ 売買目的株式の株価変動は営業利益に影響する

⑨ 繰り延べ税金資産を取り崩すと特別利益が発生する

⑩ 営業キャッシュフロー（CF）は必ず営業利益よりも大きくなる

⑪ 投資CFのマイナス（支出超）は必ずその期の設備投資額よりも大きくなる

⑫ 持ち合い株式を売却すると営業CFが増える

⑬ 在庫の評価損を計上すると、その分だけ営業CFが減少する

⑭ 営業CF、投資CF、財務CFを合計するとゼロになる

⑮ 投資CFがプラス（収入超）になることはない

⑯ 売掛金は流動負債に含まれる

⑰ 売掛金が増えて買掛金が減ると営業キャッシュフローが増える

⑱ 退職給付引当金は固定資産に含まれる

⑲ 配当性向が100％を超えることはない

⑳ 資本金は配当できないが、資本準備金は配当できる

㉑ 財務レバレッジは流動負債を自己資本で割って算出する

㉒ 短期借入金とは3年以内に返済する借入金である

㉓ IFRSとは米国会計基準のことである

㉔ IFRSでは「のれん」の定期償却が義務付けられている

㉕ 営業利益はIFRSと日本基準に違いがない

㉖ 株価が上がると、PERは下がる

㉗ 株価が上がると、PBRは下がる

㉘ 株価が下がると、予想配当利回りは下がる

㉙ 自社株買いをすると、ROEは上がるが、ROAは下がる

㉚ 株価が上がると、ROEは上がる

　どうでしょうか？　いずれも企業財務や資本市場の記事を書くうえで知っておきたい事柄です。企業財務の基礎となる複式簿記の基本的な仕組みは15世紀のベニスの商人からずっと変わっておらず、プログラミング言語のようなはやり廃りはありません。いちど基礎知識を身につけておけば、制度変更などをアップデートしつつ、いつまでも使える有意義なスキルなのです。ちなみに**前記30問の正解はすべて×です。**

この記事から三菱マテリアルの
キャッシュフローは分かる？

（2021 年 11 月 26 日）

新人記者のみなさん、前回の○×クイズ30問はそれぞれなぜ×なのか分かりましたか？　企業財務を分析するうえでは、貸借対照表（BS）、損益計算書（PL）、キャッシュフロー計算書（CF）の基本的な関係を頭に入れておくことが大事です。本日26日（金）付け朝刊ビジネス1面の「三菱マテ、アルミ事業売却　米ファンドに600億円で」を題材にして考えてみましょう。

☺ 600 億円で売却して
290 億円の特損が出るとキャッシュフローは？

この記事は、三菱マテリアルが中途半端な事業規模で成長投資をしにくいアルミ事業の子会社2社を米投資ファンドのアポロに約600億円で売却し、約290億円の特別損失を計上する、という内容です。

☺ またクイズです

このアルミ事業売却は三菱マテリアルのキャッシュフロー計算書にどう影響するでしょうか？

三菱マテ、アルミ事業売却

米ファンドに600億円で

三菱マテリアルは25日、自動車部品などに使うアルミニウム事業を米投資ファンドのアポロ・グローバル・マネジメントに売却すると発表した。約600億円とみられる。アルミ市場の成長が見込まれる一方、国内4位の規模では投資を拡大できないと判断した。電気自動車（EV）向け部材など成長が見込める分野に経営資源を振り向ける。

売却するのは、子会社の三菱アルミニウムとユニバーサル製缶（東京・文京）、数社を対象。三菱アルミの2021年3月期の売上高は1382億円と会社全体の9%を占める。国内市場では最大手のUACJや住友電工などに次ぐ4位だった。22年3月末までに終える予定で、22年3月期に売却に伴う特別損益を織り込む。

アポロはゴールドマン・サックス・グループやクレディ・ロバーツ・K KR）やカーライル・K KR）と並ぶ米国の有力ファンド。今夏までに買収化の信用力が高まっている。

ルミ市場に目を転じれば世界に目を転じれば有望な市場だ。脱プラスチックの流れのなかでペット樹脂に代わる飲料容器が増加するなど需要が一段と高まっており、自動車の軽量化の流れでも需要が増加。日本アルミ協会は日本アルミニウム協会（東京・中）によると、20年度のアルミニウム圧延品（板・押し出し製品合計）の国内出荷は前年度比20.1%減の179万トンと35年ぶりの低水準に沈んだ。

三菱マテリアルが三菱マテリアルのアルミ事業を引き継ぐ先で、再編を進めるアポロ・グローバル・マネジメント。アポロ傘下で国内3位グループに浮上。

（東京・中）によると、内3位グループに浮上。

ACJは大株主とするUACJは大株主とするU ACJは大株主とする。本格的な分野では保有する半導体シリコンウエハー大手SUMCO株

1億2800万トンに伸び「大きいも小さいも混ざり合った」（国内証券アナリスト）。「大きいも小さいも混ざり合う中でひしめき合う」との指摘が中身半端はかせぬ。規模が中身半端最大の生産拠点を抱える国内アルミ最大手のU ACJは大株主とするU ACJは大株主とする。ニッチな分野では保有する半導体シリコンウエハー大手SUMCO株の売却を発表した。

三菱マテリアルは成長性は販売・物流機能に集中、22年4月からは基礎機能に集中。セメント事業は21年9月から月に保有する半導体シリコンウエハー大手SUMCO株の売却を発表した。

米アポロの買収で国内3位連合が誕生		
順位	再編前	再編後
1	UACJ	UACJ
2	日本軽金属HD	日本軽金属HD
3	神戸製鋼所	アポロ・グローバル・マネジメント(2000億円規模)
4	三菱マテリアル	神戸製鋼所
5	昭和電工	

(注)アルミ圧延・加工関連の21年3月期の売上高ベース。昭和電工は20年12月期

出所：日本経済新聞 2021年11月26日朝刊

①キャッシュフローには何の影響もない。

②営業CFが600億円増え、投資CFが290億円減る。

③投資CFが差し引き310億円増える。

④投資CFが600億円増える。

⑤この記事だけでは分からない。

　子会社株式の売却収入は投資キャッシュフローに計上されるので、まず①②が誤りであることが分かります。③は特別損失をキャッシュフローと混同して差し引きしているので誤り。600億円を投資キャッシュフローに計上する④が正しいように思えますが、実は⑤のこの記事だけでは分からない、が正解です。なぜでしょうか。

😊 プレスリリースに記載なし

　三菱マテリアルのプレスリリースをみると、「600億円」どころか、売却額については何の記載もありません。記事の見出しにするような重要情報が開示されておらず、「600億円」は記者が同社に取材して引き出したものです。しかもよく読むと、記事には「譲渡額は負債も含め約600億円」と書かれています。

😊 「負債も含め」の意味

　「負債も含め」というのはM＆A（合併・買収）の買い手がよく使う表現です。ある会社の全株式を100億円で買うとして、その会社が500億円の借入金を抱えていた

とします。借入金は買い手がいずれ返済しなければならないので、買収のスケールというか、どれだけ大きなリスクを取ったかを表現するには「負債を含め600億円」が適当ということです。株式時価総額に純有利子負債を足した「EV（Enterprise Value ＝事業価値）」の考え方です。

☺ キャッシュフローは40億～50億円？

では、今回のアルミ事業の売却によって三菱マテリアルに入ってくる投資CFはどのくらいでしょうか。プレスリリースからごく大ざっぱに推測すると、40億～50億円程度と思われます。

売却対象となるユニバーサル製缶、三菱アルミニウムの2021年3月期末の純資産は合計で336億円です。336億円の価値があるとして貸借対照表に記載されていたけれど売却したら290億円の特別損失が出てしまったということは、単純に考えれば差額の46億円でしか売れなかったという計算になります。

600億円から46億円を差し引くと「負債も含めて」の負債の部分は554億円となります。売却対象2社の21年3月期末の負債合計は897億円ですから、このうち554億円が純有利子負債ということであれば、さほどおかしくはないな、という気がしますがどうでしょうか？

今回の事業売却は22年3月期末に効力が発生するの

で同期のキャッシュフロー計算書に子会社株式の売却収入が記載されるはずです。

☺〈「今後詰める」でゼロ円

ちなみに三菱マテリアルをめぐっては昨年、品質データ不正にかかわった子会社ダイヤメット、ピーエムテクノをファンドに売却し、その直後に2社が民事再生法を申請するという騒動がありました。当時の記事をみると、三菱マテリアルはダイヤメットなどの「具体的な売却額は今後詰める」と説明していたようですが、21年3月期の決算短信をみると、当たり前ですが株式の売却価格はゼロでした。三菱マテリアルからダイヤメットなどへの貸付債権でも多額の損失が発生しています。

☺〈キャッシュが動くか、帳簿だけか

ちょっと話がそれてしまいましたが、企業財務の取材を始めたばかりの記者がつまずきやすいのが、利益とキャッシュフローの関係です。いろいろな利益や損失について、それが現実のキャッシュの動きを伴うのか、それともキャッシュが動かない帳簿上だけの処理なのか、に気をつけると理解しやすいと思います。

利益は意見、
キャッシュは事実です。

（2021年12月3日）

　新人記者のみなさん、キャッシュフローの続きです。財務分析の世界では「Profit is an opinion, cash is a fact（利益は意見、キャッシュは事実）」という警句があるくらいキャッシュの動きが重要視されています。

☺ キャッシュフローに「意見」は入らない

　例えば、損益計算書（PL）ではある日、突然に巨額ののれん減損損失が出たりします。これは「買収先の経営不振で、のれんの価値が大幅に下がった」というある種の「意見」だからこそ、突然があり得るのです。一方、キャッシュフロー計算書（CF）では買収時に巨額の投資CFのマイナスが計上され、その後の経営不振も毎期の営業CFの中で「事実」として記載されるので、意見が入り込む余地はありません。

☺ 営業CF、投資CF、財務CFで8パターン

　キャッシュフロー計算書は営業CF、投資CF、財務CFで構成され、それぞれ＋（プラス）か－（マイナス）

なので、2×2×2＝8通りのパターンがあります。さらにフリーキャッシュフロー（営業CFと投資CFの足し算）の＋－まで考えれば12通りです。

☺ おさらいです

3つのキャッシュフローをもう1回おさらいしておきましょう。

[営業CF]　営業面で（＋）現金を稼げている（－）現金が出ていっている

[投資CF]　投資面で（＋）資産売却収入が多い（－）設備投資など資産購入支出が多い

[財務CF]　財務面で（＋）資金調達が多い（－）借入金返済や株主還元が多い

多くの上場企業は本業で稼いで設備投資もするので、営業CF（＋）投資CF（－）というパターンです。そしてフリーCFが赤字（－）なら財務CF（＋）で補い、フリーCFが黒字（＋）なら財務CF（－）で借入金返済や自社株買いをする、というのが一般的です。

☺ 東芝、JR東日本、楽天のCFのパターンは？

では、考えてみてください。以下の企業の営業CF、投資CF、財務CFはどんなパターンになっているでしょうか。

①東芝

②JR東日本
③楽天グループ

☺ 東芝は成長投資に制約

　アクティビスト株主とのあつれき、会社3分割と揺れ続けている①東芝ですが、21年4〜9月期のCF計算書をみると、営業CF（＋）1845億円、投資CF（−）530億円と、本業で現金を稼ぎ、それなりの設備投資もしています。

　ただ目に付くのは、財務CF（−）1893億円です。これは1000億円の自社株買い、874億円の配当金支払いによるもので、かつて窮地を救ってくれたアクティビスト株主の還元要求に応えるために中長期の成長投資が制約される、という東芝の状況がよく分かります。

☺ JR東日本、本業で現金流出

　コロナが直撃した②JR東日本の21年4〜9月期のCF計算書はどうでしょうか。営業CF（−）498億円、投資CF（−）2929億円、財務CF（＋）3265億円です。固定費の重い鉄道事業は旅客数が戻らない限り本業の現金流出が止まらず、安全にかかわる投資もやめられません。その分を社債発行と借入金による巨額調達で補っています。

東芝の21年4～9月期CF計算書

第2四半期連結累計期間（9月30日に終了した6ヶ月間）　　　　　（単位：百万円）

摘　　要	2021年度6ヶ月通算〔2021年4月1日～2021年9月30日〕(A)	2020年度6ヶ月通算〔2020年4月1日～2020年9月30日〕(B)	(A)－(B)
Ⅰ 営業活動によるキャッシュ・フロー			
1.非支配持分控除前四半期純損益	69,698	7,535	62,163
減　価　償　却　費	42,963	42,088	875
持分法による投資損益（受取配当金相殺後）	△19,711	△2,186	△17,525
投資有価証券の売却損益等	△1,510	△8,137	6,627
受取債権の増減	133,660	201,010	△67,350
棚卸資産の増減	△61,509	△39,386	△22,123
支払債務の増減	△9,220	△70,654	61,434
そ　　の　　他	30,146	△74,758	104,904
2.営業活動によるキャッシュ・フローへの調整	114,819	47,977	66,842
営業活動によるキャッシュ・フロー	184,517	55,512	129,005
Ⅱ 投資活動によるキャッシュ・フロー			
1.固定資産及び投資有価証券の売却収入	3,169	14,011	△10,842
2.有形固定資産の購入	△44,509	△61,145	16,636
3.無形資産の購入	△15,051	△9,648	△5,403
4.投資有価証券の購入	△1,392	△1,095	△297
5.関連会社に対する投資等の増減	5,640	32	5,608
		9,441	△10,373
投資活動によるキャッシュ・フロー	△53,075	△48,404	△4,671
Ⅱ-Ⅲ フリー・キャッシュ・フロー	131,442	7,108	124,334
Ⅲ 財務活動によるキャッシュ・フロー			
1.長期借入金の借入	355	200,217	△199,862
2.長期借入金の返済	△3,179	△12,712	9,533
3.短期借入金の増減	1,085	1,853	△768
4.配当金の支払	△87,488	△12,128	△75,360
5.自己株式の取得、純額	△100,123	△21	△100,102
6.上場子会社3社完全子会社化に伴う支出	△9	△33,550	33,541
		26	19
財務活動によるキャッシュ・フロー	△189,366	143,633	△332,999
Ⅳ 為替変動の現金及び現金同等物への影響額	△1,842	1,784	△3,626
Ⅴ 現金及び現金同等物純増減額	△59,766	152,525	△212,291
Ⅵ 現金及び現金同等物期首残高	525,456	376,973	148,483
Ⅶ 現金及び現金同等物期末残高	465,690	529,498	△63,808

注：上場子会社3社とは、東芝プラントシステム(株)、西芝電機(株)、(株)ニューフレアテクノロジーを指します。

☺ （－）（－）（＋）は長続きしない

この（－）（－）（＋）のパターンは、スタートアップ企業にも見られますが、赤字での新規株式上場（IPO）が難しい日本の上場企業ではかなり少ないはずです。このパターンは基本的に長続きしないので、「いずれ必ず需要が回復する」「いずれ必ず事業が軌道に乗る」といった将来が見通せなければ、財務CFで金融機関や投資家から資金調達できません。

☺ 楽天は携帯参入で資金調達

③楽天グループは金融事業が含まれるため、ちょっとややこしいですが、21年1〜9月期の非金融事業だけみると、営業CF（－）975億円、投資CF（－）2923億円、財務CF（＋）5162億円となっています。携帯電話という巨大装置ビジネスに参入したばかりでまだ損益分岐点に届かず、必要な設備投資のために増資や借入金で資金を調達しています。

☺ 事業のライフサイクルを 「キャッシュフローマトリクス分析」

事業を興すためにまず設備投資をし、事業が軌道に乗るとともに設備投資が一巡し、時代の変化で需要が減退して稼ぎがピークアウトし…といったビジネスのライフ

**キャッシュフローマトリクスでみると、
楽天は「安定期」ではなくなった**

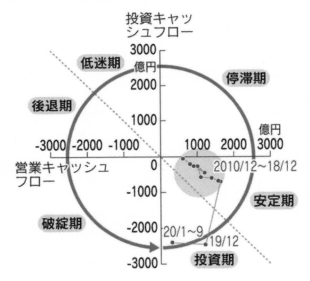

注：金融事業の預金関連などは除く。矢印は企業の一般的なライフサイクルを示す

サイクルはキャッシュフローの動きに表れます。

　日経電子版で2月に公開された楽天の「キャッシュフ
ローマトリクス分析」の記事をみると、電子商取引
(EC) 事業で「安定期」に入っていた楽天は、携帯参入
によって19年12月期から「投資期」に戻っていました。
これに営業キャッシュフローが赤字になった21年1〜9

月期をつなげると、キャッシュフローマトリクス分析の形式上は「破綻期」の象限に入っています。

☺〳 斜め線より上はフリーCF が （＋）

　キャッシュフローマトリクス分析のグラフは、営業CF と投資CF の2軸からなる平面において、左上から右下に引かれた斜め点線よりも上ならフリーCF が（＋）、下ならフリーCF が（－）となっています。少しとっつきにくいですが、営業CF、投資CF、フリーCF の関係を踏まえて眺めれば、頭に入ってくるはずです。

今なぜ「ROIC」なのでしょうか？

（2021年12月24日）

新人記者のみなさん、企業の経営効率を表す財務指標はいろいろありますが、最近になって「ROIC（投下資本利益率、ロイック）」が広がっています。

☺ 大末建設も ROIC 目標

今週23日（木）付マーケット総合面の株式相場コラム「スクランブル」によると、中堅ゼネコンの大末建設も東証プライム基準の達成に向けて「ROICも高める方針」といいます。今なぜROICなのか、考えてみましょう。

☺ ROE、ROA の仲間だが…

ROICはReturn On Invested Capitalの略で、IC（投下資本）に対してどれだけの利益を上げているかという指標です。Return Onの仲間としては、ROE（Return On Equity＝自己資本利益率）とか、ROA（Return On Assets＝総資産利益率）とか、ROS（Return On Sales＝売上高利益率）などもありますね。

☺ 他人資本も分母に

RO は共通なので、ROIC とは何かを考えるには、IC（投下資本）とは何かがスタートとなります。これは株主が投下した資本である「自己資本」と銀行など債権者が投下した資本である「有利子負債（他人資本）」の合計です。

2014年の「伊藤レポート」をきっかけに「ROE8％」が日本企業の目指すべき目標になりました。その ROE と ROIC で何が違うのかというと、まず計算の分母に有利子負債（他人資本）が入ってきたことです。

☺ 債権者もお金を出している

会社にお金を出してくれているのは株主だけではなく、銀行など債権者もお金を出している、だから自己資本と有利子負債の合計に対してどれだけの利益を稼いでいるか、という指標にこそ意味がある、それが ROIC ということでしょうか。

☺ 見かけの高 ROE に惑わされず

また ROE は 3 つの要素に分解できて、そのうち「財務レバレッジ」を操作すれば ROE を上げることができます。これに対して ROIC は財務レバレッジによって上げることはできません。むやみに借金をして財務レバレ

ッジを高めるとROICはむしろ下がるので、見かけだけの高ROE経営に惑わされない、という意味もあるかもしれません。

☺ ROEのRとROICのR

ROICの分子はどうでしょうか。さきほどROは共通と書いたばかりですが、実はROEの分子のRとROICの分子のRは一般的には基準が異なります。ROEのRは純利益、そしてROICのRは「税引き後営業利益（NOPAT、Net Operating Profit After Tax、ノーパット）」とすることが多いです。

☺ 自己資本と他人資本で分けるR

NOPATとは、営業利益からいきなり税金を引いたものです。損益計算書（PL）では、本業のもうけである営業利益から、借入金の利息などを支払ったものが経常利益、さらに特別損益を計算した後の税金等調整前当期純利益から税金を引くのですが、先回りして税金を引くのはなぜでしょうか。

これは払うべき税金を先に払ってしまうことで、「あとは株主（自己資本）と債権者（他人資本）で分けていいですよ」という利益にしたいからです。つまり分母のIC（投下資本）にぴったり対応する利益なのです。NOPATは「営業利益×（1－t）」（tは実効税率）と表さ

れることもあります。

☺ コーポレートガバナンスのため？

　計算式は理解できたとして、今なぜROICなのでしょうか。コーポレートガバナンスやESGの文脈でとらえれば「企業のステークホルダーは株主だけではない。債権者や従業員、取引先、消費者を含む社会全体と向き合わなければならない」という企業の存在意義を捉え直す視点があり得るかもしれません。

☺ ROE8％の次なる目標？

　あるいは、伊藤レポートのROE8％という目標を達成した企業が、資本効率の次なる新しい目標としてROICを掲げるようになったのでしょうか。しかし、わざわざ目標をROICに切り替えなくても、ROEでもっと上を目指せばいいのではないか、という疑問もあります。考えれば考えるほど、ROICという指標が広がっている割に、それに何の意味があるのか、あいまいなことに気づかされます。

☺ 大末建設の有利子負債わずか4億円

　大末建設は自己資本197億円に対して有利子負債がわずか4億円ほどのネットキャッシュの会社であり、ROEもROICも共通の10％以上という目標を掲げています。

ますます何のための ROIC なのか分かりません。

☺⌐ **ROIC は☆☆しやすい**

　実は ROIC には☆☆しやすい、という ROE にはない特性があります。日本の戦後産業史と照らし合わせれば、それこそが今になって ROIC が広がってきた最大の理由とみられます。そして、大末建設はあまり☆☆する必要性がなさそうなのに ROIC 目標を掲げているということになります（「☆☆」に何が入るのか皆さん考えてみてください）。

ROICは事業別に
分解しやすいです。

20

（2022年1月7日）

　新人記者のみなさん、前回、「ROICには☆☆しやすい特性がある」と書きましたが、**正解は「事業別に分解しやすい」**です。なぜ今ROICなのかと言えば、それは企業経営において「事業ポートフォリオ」の重要性が増しているからです。

☺ 事業ポートフォリオの重要性

「ポートフォリオ（Portfolio)」は一般名詞としては「紙挟み、折りかばん」ですが、投資の世界では「運用商品の具体的な組み合わせ」を意味する重要用語なので覚えておいてください。「ソニーグループ株を30億円、伊藤忠商事株を20億円、味の素の普通社債を10億円、日本国債5億円、キャッシュ3億円」といったイメージです。

☺ ソニーならゲーム、映画・音楽、半導体…

　事業ポートフォリオというのは具体的な事業の組み合わせのことです。ソニーであれば「ゲーム、映画・音楽、半導体、エレクトロニクス、金融」といったところ

でしょうか。ソニーをめぐっては、かねてコングロマリット・ディスカウント（複合企業の株価が実力に比べて割安になるとされる現象）の議論があり、上場来高値を更新した最近は「むしろコングロマリット・プレミアムではないか」との指摘も出てきました。

☺ 多角化とグローバル化の歴史

これは要するに「ソニーの事業ポートフォリオはどうあるべきか」という論争です。トランジスタラジオの東京通信工業が世界的コングロマリットのSONYになる過程を大ざっぱに言えば、事業の多角化とグローバル化の歴史でした。いまやトップマネジメントにとって、成長力も収益性もリスクもバラバラな多様な事業を抱えつつ、経営資源をどの事業にどのくらい配分するか、M＆A市場でどの事業を手放してどの事業を手に入れるか、という事業ポートフォリオの戦略が極めて重要というわけです。

☺ 重厚長大型の企業は切実

こうした状況は、戦後、多角化とグローバル化で大きくなった日本企業に共通しており、ソニーのような優良企業よりもむしろ、競争力を失った不採算事業を抱えたまま長期低迷している重厚長大型の企業にとって切実な問題といえます。

☺ ROE は事業別に分解できない

　事業ポートフォリオに手を入れるなら、まず事業別の資本効率をはかる物差しが必要になります。ところが、代表的な資本効率の物差しである ROE（自己資本利益率）には、事業別に分解しにくいという難点があるのです。ROE の分母である自己資本（Equity）は株主がその企業全体に出した資本であり、事業別に限定して出したものではありません。

☺ 「映画制作の借入金」「半導体工場の社債」

　ROIC はどうでしょうか。ROIC の分母は「投下資本（自己資本＋有利子負債）」です。有利子負債は例えば「映画制作のための借入金」「半導体工場建設のための社債」といった具合に事業別に分解できそうです。しかし、自己資本の部分は事業別に分解できないので結局 ROIC も事業別の物差しにならないのではないか、という疑問がわいてきます。

☺ BS の左側からみた ROIC

　ところが、ちょっと視点を変えれば ROIC が立派な物差しになるのです。実は ROIC の分母である投下資本には「二面性」があります。これまではバランスシート（BS、貸借対照表）の右側（その企業がお金をどう調達

114

しているか、を記す側）からみた投下資本、つまり「自己資本＋有利子負債」だけを書いてきました。

　その投下資本はバランスシートの左側（その企業が調達したお金をどう使っているか、を記す側）からみると、「固定資産＋棚卸資産＋売上債権－仕入れ債務」なのです。（仕入れ債務は右側の上のほうですが…）

　固定資産は工場など、棚卸資産は原材料や製品在庫、売上債権はまだもらっていない製品代金など、仕入れ債務はまだ支払っていない原材料の代金など、ですから、

事業別ROICのバランスシート（BS）の模式図

左側（調達した資金をどう使っているか）　　　右側（資金をどう調達しているか）

売上債権 （まだもらっていない製品代金など）	仕入れ債務 （まだ払っていない原材料代金など）
棚卸資産 （原材料や製品在庫など）	投下資本 （グレーの部分から計算できる）
固定資産 （工場や機械など）	

これなら事業別に分解できそうですね。

☺ BS の基本構成から直感

「自己資本＋有利子負債」がなぜ「固定資産＋棚卸資産＋売上債権－仕入れ債務」なのか、という点については、簡単な模式図を付けたのでご参照ください。BS の基本的な構成が頭に入っていれば直感的に理解できると思います。

　日本企業に資本効率向上の重要性を説いた 2014 年の「伊藤レポート」には ROIC という言葉がちらりとは出てきていましたが、当時はさほど一般的ではありませんでした。それが最近では、国内建設事業が 99％という大末建設が経営計画で ROIC を持ち出すほど、流行してきているのです。

☺ ROIC 導入企業群は

　わりと早くから ROIC を経営管理に取り入れている企業としては、オムロン、ピジョン、三菱ケミカル HD、川崎重工業、神戸製鋼所、日立製作所、リコー、オリンパスなどがあります。

　顔ぶれをみると、重厚長大で事業ポートフォリオの組み替えが必要、経営統合を機に資本効率を重視、アクティビスト（物言う株主）の圧力——といった事情がなんとなくうかがえます。なかでも ROIC 経営をめぐって市

場関係者の期待を集め、それがやがて失望に変わってしまったのが川崎重工業です。

☺ 川重は基準を撤廃

川重はROICが8%未満の事業は撤退を検討すると表明したものの、実際に航空宇宙、鉄道車両といった主要部門のROICが8%未満になると、この基準を撤廃してしまい、改革の後退と受け止められました。最近は二輪車事業を分社化するなど事業ポートフォリオに手を付けてはいますが、株価は長期低迷しています。

☺ 優等生オムロンの「逆ツリー」

一方、優等生的に取り上げられることが多いのがオムロンで、車載部門を日本電産に売却するなどして資本効率を高め、株価は昨年末に上場来高値を更新しました。

ROICは事業別に分解しやすい特性があるだけでなく、要素に分解することも可能です。枝分かれした細かい要素を現場レベルで具体的な目標とすれば、経営陣だけでなく会社全体でROIC目標を共有できるメリットがあります。オムロンでは「ROIC逆ツリー」という手法でこれを実践しています。

☺ ROICに対応する投下資本のコストは？

ROICの目標は具体的にどう設定すればいいでしょう

か。ROEは株主資本コストを上回ることが求められ、その株主資本コストはエーザイの柳良平CFOのアンケート調査で6〜7%だったので「ROE8%」が目標になったのは前述の通りです。ではROICにおける投下資本のコストとは何なのか。聞き慣れない用語ですが、それは「WACC（ワック）」なのです。

ROIC は「WACC」とセットです。

21

（2022 年 1 月 14 日）

　新人記者のみなさん、上場企業に広がりつつある資本効率の物差しである ROIC（投下資本利益率）は、その企業の「WACC（Weighted Average Cost of Capital、加重平均資本コスト）」とセットで考えるのが基本です。

　つまり、ROE の目標設定の原則が「ROE ＞ 株主資本コスト」であるのと同じように、ROIC の目標設定の原則は「ROIC ＞ WACC」なのです。

☺ 目標設定 「ROIC ＞ WACC」 が原則

　ところで、WACC は何のコストと何のコストを加重平均しているかというと、株主資本（Equity、エクイティ）のコストと有利子負債（Debt、デット）のコストです。エクイティとデットの割合は企業によって異なるので、エクイティの割合が大きい企業はエクイティを重く、デットの割合が大きい企業はデットを重く、加重平均するわけです。

☺〜 WACC の計算式はこちら

WACC の具体的な計算式は以下の通りです。

$$
WACC = \left\{ \begin{array}{l} \text{有利子負債コスト}(1-\text{実効税率}) \\ \times \dfrac{\text{デット}}{\text{デット}+\text{エクイティ}} \end{array} \right\} \\
+ \left\{ \text{株主資本コスト} \times \dfrac{\text{エクイティ}}{\text{デット}+\text{エクイティ}} \right\}
$$

　計算式はゴチャゴチャと複雑に見えますが、理屈はとても簡単です。デット＋エクイティというのは投下資本のことです。有利子負債（デット）コスト、株主資本（エクイティ）コストにそれぞれ投下資本に対するデットの割合、投下資本に対するエクイティの割合をかけ算して加重平均しているだけです。

☺〜「金利の節税効果」とは

　ひとつだけイレギュラーなのは、有利子負債コストに（1－実効税率）をかけ算することです。これは「金利の節税効果」をコストに反映させるためですが、金利の節税効果と言われても分かりにくいので、以下のように理解してください。

☺ 支払金利と課税所得

　有利子負債コストというのは要するに支払い金利のこと→支払い金利は損益計算書（PL）に費用として計上されるし、税務上も損金算入できる→支払い金利の分だけ税務上の課税所得が減る→減った分に実効税率を掛けた分だけ税金も減る→この「節税効果」の分は有利子負債コストから差し引いてよい（実効税率は便宜的に30％とすることが多いです）。

☺ NOPAT に対応

　やや細かいですが、WACC に金利の節税効果を反映させることは、WACC の対となる ROIC の分子である NOPAT（Net Operating Profit After Tax、税引き後営業利益）が「税引き後」であることと対応しています。

☺ WACC 公表企業は少ない

　計算式は分かったとして、ROIC 目標を掲げる上場企業が増えているのだから、各社はその前提となる WACC を計算して公表しているかといえば、ほとんどしていません。私が見つけたところでは食品大手の明治ホールディングスが想定 WACC を5％と公表しているくらいでしょうか。

　ROE 目標を掲げている企業に、その前提となる株主

資本コストを何％と考えているか取材しても満足な回答が返ってこないのと同じ構図です。

☺ コーポレートガバナンス・コードの原則なのに

コーポレートガバナンス・コードの「原則5の2」は「自社の資本コストを的確に把握した上で……株主に分かりやすい言葉・論理で明確に説明を行うべき」と定めていますが、実態は発展途上というか、言うは易しなのです。これには、いくつか理由があります。

☺ 川重の二の舞は避けたい

まずROICにおけるWACC、ROEにおける株主資本コストというのは、いわば「最低限達成すべきライン」なので、公表してしまうと達成できなかったときに経営責任を問われかねません。事業別ROICが8％未満の事業は撤退を検討するとしながら、いざ8％未満になったら前言撤回してしまった川崎重工業の二の舞は避けたいところです。

☺ やはり株主資本コストが問題

伊藤レポートのところで書きましたが、株主資本コストは、実際には株主によって異なるという事情もあります。WACCの場合も、有利子負債コストは損益計算書（PL）から支払い金利、貸借対照表（BS）から有利子負

債の数字を拾えばだれでも計算できますが、株主資本コストはどうするか、という問題が残ります。もうひとつ、WACCは一般的に「時価ベース」なので、株価によって日々揺れ動くという難しさがあります。

☺ 「CAPM」で計算

やや専門的で細かいですが、WACCを計算するときの株主資本コストの決め方として「CAPM（キャップエム、Capital Asset Pricing Model、資本資産価格モデル）」という理論があります。トヨタならトヨタ、大末建設なら大末建設といった特定の銘柄に投資するとき投資家は理論上どの程度のリターンを求めるのか、をはじき出すものです。機関投資家が金融商品としての上場企業を見るときの考え方がよく分かって面白いので紹介しておきます。

☺ CAPMの計算式はこちら

CAPMによる株主資本コストの具体的な計算式は以下の通りです。

株主資本コスト＝リスクフリーレート
　　　　　　　＋（β×マーケットリスクプレミアム）

リスクフリーレートというのは文字通り「リスクを取

らずに達成できる利回り」のことで、日本国債であれば現在ほぼゼロ％。マーケットリスクプレミアムは日本株全般の期待利回りで、例えば東証株価指数（TOPIX）の利回りが国債利回りに比べてどれだけ大きいかのプレミアム（上乗せ分）です。

☺ β値とは何か？

この式のポイントは「β（ベータ）値」という聞き慣れない数字です。リスクを取って株式に投資するのだからリスクのない長期国債利回りを上回るリターンは当たり前。そこにどれだけの上乗せ分を期待するかは、日本株全体の期待利回りに個別銘柄の「β値」をかけ算して

日経会社情報デジタルの個別銘柄画面。「株価」→「投資収益率」で過去３年間の対日経平均株価のβ値を確認できる。

川崎汽船

現在値(15:00)：**7,950**円　前日比：**+400**(**+5.30%**)

トップ　ニュース　チャート　**株価**　業績・財務　企業発情報　企業概要　株主情報　コンセンサス

過去の4本値　｜　過去10年間の株価　｜　信用残　｜　逆日歩・貸借残　｜　**投資収益率**　｜　資本イベント

更新日：2021/12

期間	株式投資収益率 ?	β値 ?
前月末までの3年間	+410.7%	+2.94
前年同月末までの3年間	−26.4%	+2.81
前月末までの5年間	+161.1%	--
前年同月末までの5年間	−17.9%	--

決めましょう、という考え方です。

　β値というのは一体何なのかというと、相場全体（例えば日経平均株価）が1だけ上昇・下落するとき、その銘柄が経験的にどのくらい上昇・下落するか、を表す「市場感応度」の数値です。例えば相場全体が10％上昇・下落するときに同じ10％上昇・下落するとみられる銘柄のβ値は1、相場全体が10％上昇・下落するときに15％上昇・下落するとみられる銘柄ならβ値は1.5となります。

☺ 喜怒哀楽、付和雷同、冷静沈着、あまのじゃく

　少数ですが、相場全体が上昇するときに下落し、相場全体が下落するときに上昇する銘柄もあります。こうした銘柄のβ値はマイナスです。

　擬人化したイメージでいえば、β値が1よりかなり大きい＝喜怒哀楽が激しいタイプ、β値がほぼ1＝みんなに合わせる付和雷同タイプ、β値が1よりかなり小さい＝冷静沈着なタイプ、β値がマイナス＝あまのじゃくタイプ、ということになります。

☺ 景気敏感株は…

　一概にはいえませんが、機械とか化学とか海運とかいわゆる「景気敏感株」はβ値が大きく、食品や電力・ガスなどいわゆる「ディフェンシブ株（景気に左右されに

くい株)」はβ値が小さくなります。

　個別銘柄のβ値はQUICK端末や日経会社情報デジタルなどで調べることができます。CAPMで株主資本コストを単純計算すると、例えば川崎汽船（β値2.94）はカゴメ（β値0.24）の実に10倍以上ということになります。

ROIC 偏重経営は
縮小均衡に陥りやすいです。

（2022年1月21日）

22

　新人記者のみなさん、ROIC は事業ポートフォリオを管理するのに優れた経営指標なのですが、ROIC ばかり偏重していると、事業が縮小均衡に陥るというリスクが指摘されています。ROIC 偏重が本来必要な成長投資をしなかったり、先送りしたりする過小投資につながるのは、なぜでしょうか？

☺ ジョブ型と ROIC の相性は

　ちょっと話はとびますが、10日（月）付け朝刊1面「日立、全社員ジョブ型に」は読者から大きな反響がありました。日立製作所は ROIC 経営に積極的な企業のひとつです。ROIC は事業別に分解しやすく、事業別ROIC はさらに「ツリー」方式で細分化できるので現場レベルの目標にもなり得ます。人事給与制度の面からみると、個々人の業務内容と評価ポイントが明確になっているジョブ型と相性が良いかもしれません。

求めるスキルを持つ社内外の人材を配置
（日立のジョブ型のイメージ）

本体（3万人）

若手社員 Aさん（22歳男性）

シニア社員 Bさん（63歳男性）

職務記述書
職務内容
システム構築
必要なスキル
①システム構築能力
②顧客との交渉力
③英語力

国内外のグループ会社（約34万人）

Cさん（29歳女性）

転職市場 Dさん（35歳男性）

必要なスキルを持つDさんを配置

日立、全社員ジョブ型に

必要スキル、社外にも公表

高度人材、内外から募る

日立製作所は7月にも、事前に職務の内容を明確にし、それに合う人材を起用する「ジョブ型雇用」を全社員（約3万人）に広げる。管理職だけでなく一般社員も加え、新たに国内2万面接きょう（10日）にも公開し、デジタル化に必要とするスキルは社外にも公開し、デジタル化に必要な専門性の高い人材を広く募る。年功色の強い従来制度を脱し、変化への適応力を高める動きが日本の大手企業でも加速する。

ジョブ型は欧米では一般的な働き方で、職務の内容を「職務記述書（ジョブディスクリプション）」で職務に必要なスキルを明確にして事務に応じて決まり、賃金も基本的には職務に応じて決まる。需要が大きく高度な職務ほど高くなる。働き手にとってはスキルの向上などで事業環境の変化が速まるなか、企業が必要とする能力を身につければ転職もしやすくなる。

日本では職務を限定しない「メンバーシップ型」雇用が多い。幅広い仕事を経験させ、終身雇用で、給料も年齢とともに上がる一体で運用してきた。

ジョブ型を巡ってはKDDIが2021年の管理職に続き、22年4月に一般社員にも拡大する。富士通やカゴメなどもジョブ型を導入している。ただ三菱ケミカルやKDDIは職務記述書を社外に公開していない。

日立が公開するのは、必要な人材を社外から機動的に募るためだ。年功序列や順送り人事の壁を取り払い、管理職の約1万人とあわせ全体3万人を全面的にジョブ型にカジをきる。

（後略）

出所：日本経済新聞2022年1月10日朝刊

☺ 日立の本部長KPIがROICのみだったら…

　ここで想像してみてください。日立の事業本部長クラスの「職務記述書（ジョブディスクリプション）」に書かれている重要な業績管理指標（KPI）が、仮に事業別ROICを高めることだけだったら、どんな事態が起こり

得るでしょうか。

　ROICの計算式は、税引き後営業利益（NOPAT）÷投下資本です。当然ですがROICを高めるためには、分子のNOPATを増やすか、分母の投下資本を減らすか、という話になります。

☺ 大型設備投資でROICは下がる

　事業本部長が「将来有望な成長事業だから最新鋭工場を建設してどんどん儲けよう」と考えて大がかりな設備投資をすると、実はROICは下がります。

　事業別ROICにおける投下資本は「固定資産＋棚卸資産＋売上債権−仕入れ債務」です。最新鋭工場の用地を造成したり、建屋を建設したり、生産機械を買ったりすると、これらは固定資産に計上されるのでROICの分母は増えます。

　一方でその工場がフル稼働して利益を上げるまでに数年かかるかもしれず、分子のNOPATはすぐには増えないどころか、大型投資の減価償却負担や各種の先行費用で減ってしまう恐れがあります。したがってROICは下がるわけです。

☺ 昼寝をしていればROICは上がる

　「しっかり投資すれば数年後にはROICが上がるはずだけれど、一時的にはROICは下がり、それによって自分

の人事評価も下がるのか。それなら投資しないほうがまし。何もせず昼寝しておこう」などと考える事業本部長が出てくるとどうなるか。

　お気づきのように、昼寝していると短期的にはROICは上がる可能性があります。既存工場などの固定資産は土地を除いてほうっておいても減価償却が進んで簿価が下がり、ROICの分母が小さくなるからです。

☺ 減価償却の範囲内の投資でも…

　昼寝は極端な例え話ですが、設備投資をなるべく抑えて減価償却費の範囲内に収めれば、やはり短期的にはROICを押し上げる効果があります。ROIC偏重は過小投資につながりやすいのです。過小投資で事業の競争力が下がると、それを理由にさらに投資を抑制するという事業の縮小均衡に陥りかねません。

☺ 成長性とマトリックスで考える

　昼寝本部長を出さないために、どうすればいいでしょうか。ひとつはROICを3〜5年先の中長期の目標とし、一時的なROIC低下はその通過点とみることです。もうひとつは事業ポートフォリオ戦略において、ROICと事業の成長性をマトリックスで考えることです。基本的な考え方は以下の通りです。

- ROIC が低い・成長性が低い＝問題事業。収益構造改革が必要。売却も。
- ROIC が高い・成長性が低い＝成熟事業。再成長の機会はないか。
- ROIC が低い・成長性が高い＝成長期待かつ問題含みの事業。収益構造改革が必要。
- ROIC が高い・成長性が高い＝有望事業。積極投資を検討。

☺ ボスコンの PPM 分析と類似

　この２軸４象限で事業を仕分けする考え方、なにかに似ていますよね。経営学の教科書などによく出てくるボストンコンサルティンググループ考案の「PPM（プロダクト・ポートフォリオ・マネジメント）分析」です。ご存じの記者さんも多いと思いますが、PPM では自社の市場シェアと市場全体の成長性によって以下のように判断します。

- 市場シェアが低い・成長性が低い＝「負け犬」　新規投資はしない。撤退を検討
- 市場シェアが高い・成長性が低い＝「金のなる木」　新規投資が少なく、キャッシュが稼げる
- 市場シェアが低い・成長性が高い＝「問題児」　花形にするべく大型投資を検討
- 市場シェアが高い・成長性が高い＝「花形」　新規

オムロンの統合報告書より

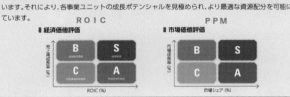

ポートフォリオマネジメント

　全社を約60の事業ユニットに分解し、<u>ROICと売上高成長率の2軸で経済価値を評価するポートフォ</u>
<u>リオマネジメント</u>を行っています。これにより新規参入、成長加速、構造改革、事業撤退などの経営判断
を適切かつ迅速に行い、全社の価値向上をドライブしています。

　また、限られた資源を最適に配分するために、「経済価値評価」だけではなく、「市場価値評価」も行って
います。それにより、各事業ユニットの成長ポテンシャルを見極められ、より最適な資源配分を可能にし
ています。

投資は高水準。いずれ金のなる木に

　ROIC 経営の先進企業とされるオムロンの統合報告書
によると、同社はROIC と成長性をマトリックスで分析
するとともにPPM 分析も取り入れているようです。

☺ 買収で発生した 「のれん」 とROIC

　このほかROIC には、M＆Aによる「のれん」をどう
扱うか、という問題もあります。例えば総資産100億
円、純資産50億円のA社を、70億円でB社が買収した
場合を考えてみましょう。

　A社はB社の完全子会社になったので、B社の連結の
貸借対照表（BS）にはA社の総資産100億円が上乗せさ
れるだけでなく、純資産50億円のA社を70億円で買収

M&Aの「のれん」でROICは下がる

ROICの分子であるNOPAT(税引き後営業利益)はいずれも6億円と想定

買収される前のA社

	仕入れ債務 20億円
売上債権 + 棚卸資産 + 固定資産 100億円	投下資本 80億円

6億円／80億円＝ROIC 7.5%

買収された後のA社（B社のBSの一部）

	仕入れ債務 20億円
売上債権 + 棚卸資産 + 固定資産 100億円	投下資本 100億円
のれん20億円	

6億円／100億円＝ROIC 6%

したことで発生した20億円の「のれん」も上乗せされます。

☺ 買収でROICは下がる?

のれんは固定資産なので、A社が手がける事業の事業別ROICの分母である「固定資産＋棚卸資産＋売上債権－仕入れ債務」は20億円だけ増えます。事業別ROICの分子であるNOPATが変わらないとすれば、分母が増え

た分だけROICは下がります。A社のやっている事業が買収前後で何も変わらなくても、B社に買収されたということだけで計算上のROICは下がります。

☺ のれんも投下資本

簡単な模式図を付けたのでご参照ください。それならROICの計算からのれんを除けばいいかというと、のれん分のプレミアムを支払ってまでA社を買収したB社にしてみれば、のれん分の20億円も投下資本であることに変わりありません。

このため、事業の実質的な時系列変化をみる場合はのれんを除いて考え、B社によるM＆A案件としての資本効率を管理する場合はのれんを含めて考えるといった使い分けも必要になってきます。どんな場合にどんな経営指標を用いればいいのかは、財務分析記事を書くうえでも重要なポイントになります。

株主の究極の関心事「TSR」とは？

23

（2022年1月28日）

　新人記者のみなさん、上場企業の株主にとって究極の関心事ともいえる指標「TSR」について考えてみましょう。ネット検索で最上位に出てくるのは、おそらく東京商工リサーチ（TSR）ですが、そちらではなく「**株主総利回り（Total Shareholder Return）**」です。

☺〈「オールバーズ」の靴では…

　ちょっと話がとびますが、2022年の日経新聞の正月連載企画「成長の未来図」の第7回は、植物原料で環境にやさしいスニーカーを製造する米オールバーズを取り上げ、企業と株主はじめステークホルダーとの関係を問うものでした。

☺〈配当重視への偏り

　日本企業については法人企業統計のデータから近年の「配当重視への偏り」を示し、従業員の給与が減る中で「富の分配が大きくバランスを欠く構図が鮮明になっている」と論じていました。「企業はもっと人に投資を」

という結びは、働く読者に響くメッセージだったと思います。

☺ 株主の靴を履くと…

相手の気持ちになって考えることを英語で「他者の靴を履いてみる」と表現するらしいですが、あえてオールバーズから株主の靴に履き替えてみると、記事中のグラフにもう1本、線を引きたくなります。日経平均株価なり東証株価指数（TOPIX）なりの動きです。正確ではないですが、私が引いてみたのでご参照ください。

☺ 配当重視は正常化？

日本の株価は1989年末の史上最高値からバブル崩壊

収益分配は21世紀に入って株主に偏ってきた

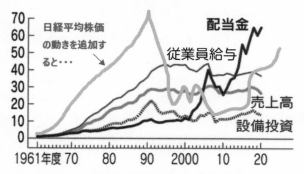

注：1961年度を1とした倍数。財務省「法人企業統計」を用いて作成、設備投資はソフトウエア除く

で急落し、失われた20年、30年は低迷し、株主は大きな損失を被りました。株価が上がっているうちは配当が少なくても文句はないけれど、株価がこんなに低迷しているのに、成長ストーリーもなく現金をため込んでいるのなら配当してほしい、という声が聞こえてきそうです。株主にしてみれば、配当重視は「偏り」ではなく「正常化」かもしれません。

☺ キャピタルゲインとインカムゲイン

要するに投資家が期待するリターンというのは、配当という「**インカムゲイン（Income Gain、株式などの資産の保有中に得られる収入）**」と値上がり益という「**キャピタルゲイン（Capital Gain、株式などの資産の売買差益）**」の合計なのです。

☺ 有価証券報告書の最初のほうに

前置きが長くなりましたが、ある銘柄のキャピタルゲインとインカムゲインを合わせて、どのくらいの利回りになっているか、を示すのがTSRです。新人記者のみなさんも有価証券報告書で必ず目にしているはずです。連結決算を開示している企業であれば、有報の最初のほうの「提出会社の経営指標等」の表に載っています。

☺︎〈 5年前を100%として算出

　有報における TSR の開示方法は形式が決まっています。ちょっと独特なのですが、5年前の株価を100%とすると、決算期末の株価はいくらになるか、さらにその間の配当を株価換算して足し算すると合計でいくらになるか、という考え方です。

☺︎〈 ソニーは407%

　2021年3月期のソニーの有報をみると、TSR は407%です。5年前を100%とすると、キャピタルゲインと5

ソニーの2021年3月期の有価証券報告書より

純資産額	百万円	2,587,308	2,687,044	2,591,685	2,706,537	2,940,987
総資産額	百万円	3,735,737	3,561,251	3,241,916	3,391,804	3,777,312
1株当たり純資産額	円	2,039.88	2,115.12	2,062.91	2,207.21	2,361.33
1株当たり配当額	円	20.00	27.50	35.00	45.00	55.00
（うち1株当たり中間配当額）	（円）	(10.00)	(12.50)	(15.00)	(20.00)	(25.00)
1株当たり当期純利益金額	円	101.63	97.60	11.94	316.74	159.02
潜在株式調整後1株当たり当期純利益金額	円	99.55	95.45	11.68	309.75	156.45
自己資本比率	％	68.9	75.2	79.6	79.4	77.5
自己資本利益率	％	5.1	4.7	0.6	14.8	7.0
株価収益率	倍	37.1	52.7	389.0	20.3	72.9
配当性向	％	19.7	28.2	291.2	14.1	34.8
従業員数	人	6,185	2,428	2,519	2,682	2,973
株主総利回り	％	130.9	179.5	163.4	226.4	407.1
（比較指標：配当込みTOPIX）	％	(114.7)	(132.9)	(126.2)	(114.2)	(162.3)
最高株価	円	3,792	5,738	6,973	8,113	12,545
最低株価	円	2,541	3,402	4,507	4,647	6,161

注1：営業収益には、消費税等は含まれていません。

年間の配当のインカムゲインで約4倍という大きな利益を投資家にもたらしたわけです。

☺〈 「配当込みTOPIX」と比較

この407％がどのくらい優れた数字なのかを判断するには比較対象が必要です。ほとんどの企業が比較対象を「配当込みTOPIX」としています。東証1部全体との比較です。配当込みTOPIXのTSRは162％でした。

☺〈 三菱倉庫は増配したが…

一方、アクティビスト（物言う株主）から資本効率の低さを指摘され、株主還元の要求を突きつけられている上場企業はどうでしょうか。香港のアクティビスト、オアシス・マネジメントから毎年のように株主還元やガバナンス改善の株主提案を出されている三菱倉庫を見てみましょう。

三菱倉庫のTSRは122％と配当込みTOPIXを下回る水準でした。1株当たり実質28円だった配当を60円まで増配してもTSRはなお低く、株主にしてみれば、三菱倉庫を選んで買うよりも何も考えずにTOPIXを買ったほうがましだった、という結果になっています（オアシスなどは、そこに目を付けて買っているわけですが…）。

☺ なぜ東京商工リサーチのほうが上なの？

以上がTSRの概要です。ところで、TSRは株主の究極の関心事であり、有報への記載も義務付けられているにもかかわらず、あまり話題にならず、ネット検索しても東京商工リサーチのほうが上にくるのはなぜでしょうか？

☺ TSR は予想困難

理由はいくつかありそうですが、TSRは予想が極めて難しい、という点が大きいと思います。お気づきのように、TSRは株価に大きく左右され、米アマゾンのような無配の会社であれば株価そのものです。そして株価は企業業績だけでなく、バブル、リーマン・ショック、コロナといったマクロ経済の浮沈にも影響されます。

☺ 将来株価の予想は現在の株価

このため、ある企業の利益は予想できても株価は予想できない、というか、将来株価の予想はすなわち現在の株価であり、その株価が日々揺れ動いているのが現実です。では、証券アナリストが出す「目標株価」というのは何なのか。あれは、いくつかの仮定のうえで算出した理論株価であって、株価水準の予想値ではありません。「強気」「中立」「弱気」といったレーティングもあくま

で比較指標（ベンチマーク）とする TOPIX などに対して相対的に強気か弱気か、という話です。

☺ 中長期の実績を振り返り

予想困難な TSR というのは、中長期的な視点で過去の経営の方向性が正しかったかどうか、企業と株主の双方が振り返るための実績指標といえるかもしれません。だれもが未来を先取りしようとする株式市場において、過去の実績は重要ではあるけれど、未来に比べると注目度は低いのです。

☺ もっと大事なことがある？

ところで、上場企業には「キャピタルゲインよりもインカムゲインよりも TSR よりも、もっと大事なことがある」という株主が一定程度います。創業家やいわゆる環境アクティビストにもそういう面があるかと思いますが、資本効率とか、コーポレートガバナンスとかの観点から風当たりが強まっているのが政策保有株式です。

持ち合い株の発祥の地は丸の内です。

（2022年2月4日）

24

新人記者のみなさん、「ROE よりも ROIC よりも TSR よりも大事なことがある」という名目で保有されている株式、それが「政策保有株式」です。海外の機関投資家などからガバナンス（企業統治）の問題があると指摘される企業同士の持ち合い株のことです。

☺ 有価証券報告書で開示

持ち合い株は、相互の持ち合いではなく一方的に持っている「片持ち」を含め、キャピタルゲインやインカムゲインを狙う「純投資」の株式とは区別され、制度上は「その他有価証券」に分類されます。上場企業の有価証券報告書には、その企業が持っている持ち合い株が具体的に開示されています。

☺ 乗っ取り屋に買い占められて

持ち合い株のルーツをさぐると、約70年前、戦後の財閥解体によって丸の内一帯の不動産を持っていた陽和不動産という会社にたどり着きます。当時、陽和不動産

の株式が散逸し、その35％を藤綱久二郎という相場師が買い占めました。これを三菱グループ11社が高値で買い戻したのが日本初の持ち合い株とされます。

　陽和不動産はその後、三菱地所に合併されています。持ち合い株は藤綱のような乗っ取り屋を寄せつけないための安定株主づくりとして始まったわけです。

☺ 昭和40年不況

　戦後は資本自由化で外資に乗っとられるのではないかという警戒感から安定株主づくりがさらに進みました。昭和40年不況時に買い取り機関が個人投資家などから買い上げた株式の受け皿も企業による持ち合い株の取得でした。

☺ エクイティファイナンスの時代

　1980年代には上場企業の資金調達が銀行融資から株式発行（エクイティファイナンス）にどんどん移っていき、銀行も企業の新株の引受先となりました。日経平均が史上最高値をつけた1989年末のバブルのピークにかけて、銀行中心の持ち合い構造が形成されました。

☺ 金融システム危機

　ところが、バブル崩壊で銀行が保有する持ち合い株は急落し、90年代後半の金融システム危機につながっていきます。銀行の自己資本比率規制が厳しくなり、

2000年には時価会計が導入されました。銀行は生き残りのために持ち合い株を売却し、その受け皿となったのが外国人投資家でした。

☺ 持ち合い解消のピークは過ぎた

バブル期に35％程度に達していた持ち合い株の比率は、すでに2004年ごろには10％ほどに下がっていました。その後は10％前後の横ばい圏でじわじわ減少して

「株式持ち合い比率」の時系列推移

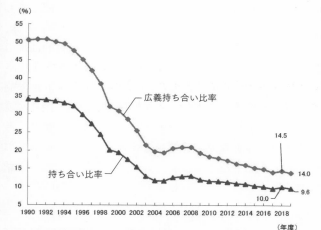

出所：西山賢吾「我が国上場企業の株式持ち合い状況（2019年度）」野村サステナビリティクォータリー2020秋号

いるという程度です。長い目でみれば、持ち合い解消の
ピークはとっくに過ぎています。

☺ コーポレートガバナンス・コードでは

ところが、2018年改訂のコーポレートガバナンス・
コードは、政策保有株式の「縮減」に関する方針を開示
せよ、個別銘柄の保有目的が適切か、資本コストに見合
っているか、取締役会で具体的に精査して開示せよ、と
今更ながら持ち合い株に厳しい視線を向けています。

☺ 三菱倉庫株の保有目的は？

三菱地所の有報を見てみましょう。前回、増配しても
TSRが低い銘柄として取り上げた三菱倉庫を366万株、
金額にして124億円も保有しています。保有目的は「当
社グループ全体の事業に係る良好な関係を維持・強化し
て企業価値向上に資するため」となっています。抽象的
すぎて保有目的が妥当かどうか投資家は判断に困る記述
ですが、持ち合い株リストの上のほうのただし書きにあ
る通り、定量的な話は「情報管理の観点から記載してお
りません」ということです。これは三菱地所に限った話
ではなく、ほぼすべての企業で同じです。

☺ 判で押したように

一方の三菱倉庫の有報をみると、持ち合い株として三

三菱地所の特定投資株式

ニ．特定投資株式及びみなし保有株式の銘柄ごとの株式数、貸借対照表計上額等に関する情報
　（保有の定量的な効果については、相手先との取引、協力・協業関係等に関する情報管理の観点から記載して
　おりません。）

特定投資株式

銘柄	当事業年度 株式数（株） 貸借対照表計上額 （百万円）	前事業年度 株式数（株） 貸借対照表計上額 （百万円）	保有目的及び株式数が増加した理由	当社の株式の保有の有無
三菱商事㈱	13,088,457 40,966	13,088,457 29,992	主にコマーシャル不動産事業におけるテナントとの良好な関係を維持・強化して企業価値向上に資するため	有
AGC㈱	4,414,706 20,440	4,540,606 12,073	主にコマーシャル不動産事業におけるテナントとの良好な関係を維持・強化して企業価値向上に資するため	有
日本空港ビルデング㈱	3,111,400 16,926	3,111,400 12,990	主にコマーシャル不動産事業におけるテナントとの良好な関係を維持・強化して企業価値向上に資するため	無
㈱三菱UFJフィナンシャル・グループ	27,821,042 16,461	27,921,042 11,252	主に資金調達及びコマーシャル不動産事業における良好な関係を維持・強化して企業価値向上に資するため	有(注)1
平和不動産㈱	4,274,100 14,767	4,274,100 11,963	事業提携・共同事業等を通じ企業価値向上に資するため	有
三菱倉庫㈱	3,665,554 12,407	3,665,554 7,998	当社グループ全体の事業に係る良好な関係を維持・強化して企業価値向上に資するため	有
大成建設㈱	2,426,690 10,361	2,426,690 8,020	主にコマーシャル不動産事業における協業関係を維持・強化して企業価値向上に資するため	有
三菱電機㈱	5,577,294 9,406	5,577,294 7,445	主にコマーシャル不動産事業におけるテナントとの良好な関係を維持・強化して企業価値向上に資するため	有
三菱重工業㈱	2,346,997 8,094	2,346,997 6,413	主にコマーシャル不動産事業におけるテナントとの良好な関係を維持・強化して企業価値向上に資するため	有
東日本旅客鉄道㈱	857,300 6,720	857,300 7,009	主にコマーシャル不動産事業における協業関係を維持・強化して企業価値向上に資するため	有
東海旅客鉄道㈱	367,900 6,088	367,900 6,372	主にコマーシャル不動産事業における協業関係を維持・強化して企業価値向上に資するため	有
信越化学工業㈱	308,212 5,735	308,212 3,307	主にコマーシャル不動産事業におけるテナントとの良好な関係を維持・強化して企業価値向上に資するため	有
キリンホールディングス㈱	2,690,438 5,705	4,035,538 8,625	主にコマーシャル不動産事業におけるテナントとの良好な関係を維持・強化して企業価値向上に資するため	有

菱地所株を530万株、金額にして102億円持っていることが分かります。保有目的の欄は「営業取引関係の維持・強化を目的とするほか…」「定量的な保有効果については…営業機密があるため…」と他の銘柄と同じ判で押したような記述です。

☺ 資本金の1%超、60銘柄

持ち合い株として有報に載せるのは、原則として保有株の時価が資本金の1%を超えている銘柄です。1%超の銘柄数が60未満の場合は、1%以下も含めて時価上位60銘柄まで開示しなければなりません。

☺ 議決権助言会社が目の敵に

ところで、議決権行使助言会社の米グラスルイスは、21年から、持ち合い株の保有額が純資産の10%を超える上場企業の会長選任案に反対するよう推奨しています。

そもそもの目的が安定株主づくりであることを考えれば、すでに上場企業株式の10%程度まで減少した持ち合い株を、なぜそこまで目の敵にするのでしょうか。教科書的にいえば、持ち合い株は資本の空洞化を招くからなのですが、持ち合い株の是非について、投資家と日本企業の経営者とはかなり温度差があるようです。

「パックマン・ディフェンス」を ご存じですか？

（2022年2月10日）

　新人記者のみなさん、前回、米議決権行使助言会社のグラスルイスが持ち合い株を目の敵にしていると書きましたが、グラスルイスは一体なにをそんなに問題視しているのでしょうか？

☺⌐ グラスルイスの日本語版ガイドライン

　グラスルイスの日本語版ガイドラインによると、「株式の経済的価値を議決権行使の観点から除外するものであり、経営陣を資本市場のプレッシャーから守る役割を果たしている」「経営側の説明責任の低下、不十分な危機管理能力、非効率的な自己資本管理政策等にもつながる可能性が高く、敵対的買収の回避にも寄与している」ということになります。

☺⌐ 「資本の空洞化」とは

　直訳だから分かりにくいかもしれませんが、これらの問題の根っこにあるのは、株式持ち合いによる「資本の空洞化」です。というと、仰々しい金融理論を持ち出す

ようですが、株式持ち合いの資本は空っぽである、という理屈は拍子抜けするほど単純なものです。

☺ 銀座のクラブで意気投合して

いま株式発行で資本金400億円を調達して設立された札幌のＡ社と、同じく株式発行で資本金400億円を調達して設立された鹿児島のＢ社があるとします。そしてＡ社の社長とＢ社の社長が同じ日に東京に出張し、銀座のクラブかどこかで偶然に初対面で意気投合し、お互い100億円ずつ株式を持ち合いましょう、という話がまとまりました。

☺ 事業資金は１円も増えないのに

Ａ社はＢ社を引受先とする第三者割当増資で100億円、同じくＢ社はＡ社を引受先とする第三者割当増資で100億円を調達することになります。お互いに資本金500億円のうち100億円を出資する20％の大株主になるわけですが、よく考えてみれば、Ａ社とＢ社の間で帳簿上だけ100億円が行ったり来たりするだけで、設備投資など事業に充てられるお金は１円も増えません。それでも、お互いに20％の議決権を握る大株主であり、その他の株主の権利はその分だけ減ってしまいます。

☺ 経営規律が緩みがちに

これが資本の空洞化です。万事お互いさまでうるさいことを言わない大株主がいてくれるので、資本市場からのプレッシャーから守られ、経営規律は緩み、業績が悪くても株価が下がっても、社長は好き勝手に銀座で飲んでいられるではないか、というのがグラスルイスの主張するところです。

☺ モンスターをやっつける

話はとびますが、新人記者のみなさんは「パックマン」というゲームをご存じですか？　1980年代に大ヒットした旧ナムコのアーケードゲームで、たしか数年前に映画にもなったはずです。モンスターから逃げ回っているパックマンが特定のエサを食べると立場が逆転し、モンスターを追い回してやっつけることができます。

☺ 「パックマン・ディフェンス」とは

持ち合い株とパックマンに何の関係があるかというと、敵対的買収を仕掛けられた会社が、仕掛けてきた会社に逆に買収を仕掛ける「パックマン・ディフェンス」という買収防衛策があり、これは故意に資本の空洞化をつくり出す作戦なのです。

☺〈 25％以上の持ち合い株は

　日本の会社法は、パックマン社が25％以上を出資するモンスター社がパックマン社株を持っていても、そのモンスター社保有のパックマン社株に議決権を認めません。議決権行使に大株主のパックマン社が影響力を行使し、パックマン社のガバナンスを歪めかねないという立法趣旨です。つまり、敵対的買収を仕掛けられたパックマン社が、仕掛けてきたモンスター社株を25％以上買ってしまえば、それで防衛成功ということになります。立法趣旨とは違う使い方ですが…。

☺〈 実例があれば面白いが…

　食うか食われるかのパックマン・ディフェンスの攻防が現実になれば、ある種のゲームとしての面白さがありそうですが、これまで実例はないようです。ライブドアがニッポン放送株を買い占めたときに検討されたとかされないとか、という話がある程度です。

☺〈 大義がない

　理由はいろいろあると思いますが、パックマン・ディフェンスには敵対的買収者以外の株主を味方につける大義がありません。モンスター社がパックマン社を食おうが、パックマン社がモンスター社を食おうが、出来上が

りの事業そのものは両社の足し算なのだから、どっちでも同じと考えることができます。

☺〉 経営陣の保身か

したがって、モンスター社に買収されることに抵抗するパックマン社がパックマン・ディフェンスに打って出るには「パックマン社がモンスター社を買収したほうが良いのだ」という大義がほしいのですが、これは見つけにくく、その他の株主の目には「パックマン社の経営陣の保身」と映ってしまう可能性があります。パックマン・ディフェンスにはカネがかかる、という面もあり、大義がなければ金融機関も融資を渋りそうです。

☺〉 3社、4社、集団なら

長々と脱線してしまいましたが、A社とB社という1対1の関係であれば、24.9%までしかできない持ち合いも、3社とか4社とか、もっと多数の企業グループでやれば、歯止めはありません。そろって業績が悪くても株価が下がっても、コロナさえ収束すれば、社長たちは安心して銀座に繰り出せるではないか、とグラスルイスは警鐘を鳴らしているのです。

☺〉 取引関係に照らして

とはいえ、個別企業によって濃淡はあるにしろ、日本

の上場企業全体としてみると、政策保有株は10％程度しかありません。いわゆる「片持ち」も含めて持ち合いによる安定株主づくりは原則すべてノーと考えるべきなのかどうか、あるいは取引関係などに照らしてどんな場合なら持ち合い株の効用があるのか、記者のみなさんは社長取材で聞いてみてください。

広島県安芸郡府中町の社長が…

（2022年2月18日）

　新人記者のみなさん、持ち合い株による資本の空洞化について前回、札幌の社長と鹿児島の社長が銀座のクラブで意気投合するという陳腐な例え話を書いてしまいましたが、現実はどうなのでしょうか。お互いに20％ずつというような極端な比率ではないものの、新しい持ち合い株はあるのです。例えば広島県安芸郡府中町の社長と愛知県豊田市トヨタ町の社長が2017年8月4日、東京のホテルで発表した資本業務提携がそれです。

☺〵「トヨタ、マツダに出資」のスクープ

　府中町の会社はマツダ、豊田市の会社はトヨタ自動車です。発表当日4日付の日経新聞朝刊1面をみると、「トヨタ、マツダに出資」と白抜きベタの大きな横見出しです。電動化時代の業界大再編を予感させるスクープでした。縦の見出しに「5％前後、マツダも出資」と入っており、トヨタとマツダが持ち合い関係を築くことをしっかり書いています。

出所：日本経済新聞 2017年8月4日朝刊

☺ お互いに 500 億円ずつ

　ところで、この持ち合いの目的について両社連名の発表資料は「長期的なパートナー関係の発展・強化のため」と説明しています。お互いに 500 億円ずつ出資し、トヨタはマツダ株の約 5.05％、マツダはトヨタ株の約 0.25％を持つわけです。具体的な資本取引としては、トヨタは自己株式をマツダに対する第三者割当で処分し、マツダはトヨタを引受先とする第三者割当増資で新株を発行しました。

トヨタ、マツダの開示資料より（2017年8月4日）

3. 資本提携の内容
　両社は、両社の長期的なパートナー関係の発展・強化のために、今回の合意書に基づき、以下の内容で、相互に株式を取得いたします。
　トヨタは、マツダが実施する第三者割当による新株式発行により、マツダの普通株式 31,928,500 株（増資後の発行済株式総数に対する所有割合 5.05%、総額 500 億円）を取得いたします。
　また、マツダは、トヨタが実施する第三者割当による自己株式の処分により同額相当のトヨタ株式（発行済株式総数に対する所有割合 0.25%）を取得します。
　両社は第三者割当増資及び第三者割当による自己株式の処分を通じて米国での完成車の生産合弁会社の設立に係る設備投資資金の一部へ充当する予定です。
　（マツダによるトヨタに対する第三者割当の詳細及びトヨタによるマツダに対する第三者割当の詳細につきましては、マツダが本日公表しております「トヨタ自動車株式会社との業務資本提携に関する合意書に基づく第三者割当による新株式発行に関するお知らせ」ならびにトヨタが本日公表しております「第三者割当による自己株式の処分に関するお知らせ」をご参照ください。）なお、両社の業務提携関係の進捗に応じて、本提携に基づき更なる資本提携関係の強化についても検討してまいります。

☺ 設備投資に回せるカネは…

　資金使途については「米国での完成車の生産合弁会社の設立に係る設備投資資金の一部へ充当する予定」と書かれています。トヨタは自己株式をマツダに売って500億円を得るけれど、マツダの第三者割当増資を500億円引き受けるのだから、米合弁会社の設備投資に回せるカネは1円もないのではないか、むしろ取引コストの分だけカネが出ていくのではないか、という疑問がわいてきますね。

☺ マツダは株式の希薄化も

　トヨタは自己株式処分ですが、マツダは増資ですから株式価値の希薄化にもつながります。マツダの増資の発

マツダ第三者割当増資の開示資料より（2017年8月4日）

> （2）調達する資金の具体的な使途及び支出予定時期
>
> 　手取金の使途につきましては、業務提携の一つである米国での完成車の生産合弁会社の設立に係る設備投資資金（総額16億米ドル（約1,760億円※））のうち、両社折半により当社が負担する8億米ドル（約880億円※）の一部に充当する予定であり、支出予定時期は平成29年度から平成32年度頃を予定しております。なお、当該設備投資資金の当社負担金額のうち、手取金で不足する金額については、自己資金又は将来の資金調達により賄うことを考えております。また、実際に支出するまでの手取金につきましては、銀行預金等にて管理する予定です。
>
> 　※為替レート：平成29年7月31日時点の値である1米ドル＝110円で換算
>
> 4．資金使途の合理性に関する考え方
>
> 　前記「3．調達する資金の額、使途及び支出予定時期　（2）調達する資金の具体的な使途及び支出予定時期」に記載のとおりの使途に充当することにより、当社の成長及び企業価値の向上に資するものであり、ひいては既存株主の利益向上に繋がるものであると考えており、本第三者割当増資の資金使途については合理性があると判断しております。

表資料にはどう書いてあるのか。これも確認してみると、「両社折半により当社が負担する8億米ドル（約880億円）の一部に充当する予定」「資金使途については合理性があると判断しております」との記述で、ますます疑問がわいてきます。

☺〈「カネに色はない」けれど

　世間では「カネに色はない」などといいますが、この場合は「トヨタから入ってくる500億円は赤い色、トヨタに出ていく500億円は青い色、米合弁会社に出資する500億円は赤い色」といった論理なのかもしれません。この日の記者会見で質問が出たかどうか分かりませんが、聞かれたらどう答えるつもりだったのか、想定問答

集をのぞいてみたい気もします。

☺ トヨタはNTTとも2000億円ずつ

　トヨタは2020年、スマートシティビジネスをめぐってNTTともお互い2000億円ずつ出資する持ち合いをしました。日本を代表する優良企業が新しく持ち合いをしているところをみると、資本の空洞化の観点から持ち合いを厳しく批判する米グラスルイスのような原則論は、少なくとも持ち合いの当事者である上場企業の意識とはかなりの乖離がありそうです。

☺ 東証プライム「流通株式比率35％以上」

　そうした温度差を映しているのが、4月に東証1部の衣替えで発足する新しい最上位市場「プライム」の上場基準である「流通株式比率35％以上」です。流通株式はいつでも市場で売り買いされる可能性がある株式のことで、当然ながら持ち合い株は含まれません。

　流通株式比率35％以上というのは、裏を返せば「持ち合い株など安定株主は65％未満にせよ」ということです。そして「65％未満にせよ」には「3分の2以上はダメですよ」という意味合いがあるのですが、なぜ3分の2以上が問題視されるのか分かりますか？

プライム市場の上場基準

コンセプト

- 多くの機関投資家の投資対象になりうる規模の時価総額（流動性）を持ち、より高いガバナンス水準を備え、投資家との建設的な対話を中心に据えて持続的な成長と中長期的な企業価値の向上にコミットする企業及びその企業に投資をする機関投資家や一般投資家のための市場

上場基準の概要

項目	考え方・狙い	概要（※1）		

流動性

- 多様な機関投資家が安心して投資対象とすることができる潤沢な流動性の基礎を備えた銘柄を選定する。

項目	新規上場基準	上場維持基準
株主数	800人以上	800人以上
流通株式数	20,000単位以上	20,000単位以上
流通株式時価総額	100億円以上	100億円以上
売買代金	時価総額250億円以上	1日平均売買代金0.2億円以上

ガバナンス

- 上場会社と機関投資家との間の建設的な対話の実効性を担保する基盤のある銘柄を選定する。
- ※見直し後のコーポレートガバナンス・コード全原則（※2）の適用

投資家との建設的な対話の促進の観点から、いわゆる安定株主が株主総会における特別決議可決のために必要な水準（3分の2）を占めることのない公開性を求める

項目	新規上場基準	上場維持基準
流通株式比率	35％以上	35％以上

財政状態 経営成績

- 安定的かつ優れた収益基盤・財政状態を有する銘柄を選定する。

経営成績・財政状態に関する実質審査は、以下のA又はBのいずれかを充たすものについて実施する（新規上場申請に係る不受理基準）

項目	A（利益実績）	B（売上実績）
収益基盤	最近2年間の利益合計が25億円以上	売上高100億円以上かつ、時価総額1,000億円以上
財政状態	純資産50億円以上	

※1：市場コンセプトを反映したこれらの基準のほか、株式の譲渡制限、証券代行機関の選定などの共通の基準を設けるものとします

※2：今後のコーポレートガバナンス・コードの見直しにおいて、プライム市場の上場企業を念頭に、より高い水準が示されることが想定されます

出所：東京証券取引所

☺〜 関西スーパー争奪戦では…

ここで思い出していただきたいのが、昨秋に繰り広げられたH2Oリテイリングとオーケーによる関西スーパーの争奪戦です。最終的に関西スーパーの臨時株主総会でH2Oとの統合が決まったのですが、このときの特別決議の賛成率は66.68%という超僅差で、のちに総会手続きが公正だったかどうかの争いにも発展しました。

☺〜 3分の2以上で特別決議

特別決議というのは、総会出席株主の議決権の3分の2以上の票でなければ可決できない重要事項の賛否を問うものです。具体的には、合併や会社分割といった経営体制の大変革だけでなく、第三者に対する株式の有利発行、特定株主からの自社株の買い取りといった「株主平等の原則」にかかわるものは、特別決議の対象です。

☺〜 グラスルイスからみると大甘

要するに、プライム上場基準の流通株式35%以上というのは、「うるさいことを言わない安定株主に話をつければ、ほかの株主はほうっておいても重要事項がなんでも決められます、というのはさすがにちょっとガバナンスの問題がありますよね」という程度の、グラスルイスから見れば大甘な基準なわけです。

☺ 50.1％あれば銀座へ

　ちなみに取締役の選任や取締役の報酬は過半数の賛成で可決される普通決議です。プライム基準を満たしたとしても50.1％を安定株主で固めれば、業績が悪くても株価が下がっても社長たちは銀座で飲み歩けるではないか、というのがグラスルイスの主張なのです。

☺ しかし、マツダは正しかったかも

　さきほどトヨタとの持ち合いに関する当時のマツダの説明に疑問があるように書きましたが、5年近くが経過したいま振り返ると、「資金使途については合理性があると判断しております」というマツダの経営判断はある意味で正しかった、という見方もできるのです。その理屈でいえば、トヨタの経営判断は正しくなかったことになります。新人記者のみなさんは、なぜなのか考えてみてください。

マツダの6分の1は
トヨタなのかも。

（2022年2月25日）

　新人記者のみなさん、2017年にトヨタ自動車とマツダが500億円ずつ株式を持ち合いました。500億円が行ったり来たりするだけの持ち合いは教科書的にいえば資本の空洞化につながり、設備投資などに使えるお金はトヨタにもマツダにも1円も生まれません。

☺ マツダが買ったトヨタ株は上がり…

　それでも、「資金使途には合理性があると判断しております」とした当時のマツダの経営判断はある意味で正しかったかもしれない、同じ理屈でトヨタの経営判断は正しくなかったかもしれない、と前回書きました。単純な話で、マツダが買ったトヨタ株は上がり、トヨタが買ったマツダ株は下がったからです。

☺ トヨタの株式分割を考慮すると…

　マツダはトヨタが持っていた自己株式を1株6029円で買いましたが、トヨタ株は最近になって2475円の上場来高値を付けました。6029円で買ったものが2475円

マツダが買ったトヨタ株は上がった。
トヨタが買ったマツダ株は下がった。

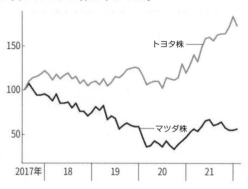

注：資本業務提携の発表直前の2017年8月1日＝100

になったのだから…あれ？下がっているじゃないか、と
思うかもしれませんが、これはトヨタが昨年10月に1
株を5株に分割したからです。

　分割を考慮した修正株価で計算すれば、2倍強に値上
がりしたことがわかります。マツダは500億円を1000
億円に増やしたのです。マツダの時価総額は約6000億
円なので、いまやその6分の1がトヨタ株の価値という
こともできます。

☺ トヨタはマツダ株でかすり傷

　トヨタはどうでしょうか。マツダの新株を1株1566

マツダの特定投資株式

c．特定投資株式及びみなし保有株式の銘柄ごとの株式数、貸借対照表計上額等に関する情報
特定投資株式

銘柄	当事業年度 株式数（株） 貸借対照表 計上額 （百万円）	前事業年度 株式数（株） 貸借対照表 計上額 （百万円）	保有目的、定量的な保有効果 及び株式数が増加した理由	当社の株 式の保有 の有無
トヨタ自動車㈱	8,293,300 71,455	8,293,300 53,915	自動車関連業務提携の維持強化のため	有
ダイキョーニシカワ㈱	3,541,800 2,741	3,541,800 1,750	自動車部品取引の関係維持強化のため	有
㈱三井住友フィナンシャルグループ	157,100 629	157,100 412	取引関係の円滑化のため	無

（注） 1．特定投資株式のダイキョーニシカワ㈱、㈱三井住友フィナンシャルグループは、貸借対照表計上額が資本金額の100分の1以下でありますが、特定投資株式のすべての銘柄について記載しております。
2．定量的な保有効果については記載が困難であります。保有の合理性は事業戦略、取引の維持・強化等の事業活動における必要性及び政策保有を行う経済合理性などを総合的に勘案し検証しています。
3．㈱三井住友フィナンシャルグループは当社株式を保有しておりませんが、同社の子会社である㈱三井住友銀行が当社株式を保有しております。

円で引き受けましたが、マツダ株の本日25日終値は868円でした。マツダは株式分割していないので、そのまま計算して約4割の値下がり。トヨタは500億円を300億円に減らしてしまいました。トヨタの時価総額は約35兆円なので、そのうちマツダ株の価値は0.1％ほど。かすり傷ほどのレベルではありますが…。

☺ 持ち合い株が上がると決算は？

ところで、持ち合い株の株価が上がったり下がったりした場合、決算にはどんな影響があるのか、マツダの2021年3月期の有価証券報告書で数字を拾ってみましょう。

☺ 資本金の1％以上は個別開示

　21年3月末のトヨタの株価は8616円でした。まだ分割前ですから、取得価格の6029円から約43％の値上がりです。時価が資本金の1％を超える持ち合い株は有報で個別銘柄ごとに開示されます。マツダの資本金は2839億円なのでトヨタ株はもちろん開示対象。21年3月期の貸借対照表（バランスシート、BS）への計上額は714億円でした。20年3月期は539億円だったので時価が175億円ふくらんだことになります。

☺ 持ち合い株が上がっても利益は増えない

　ただし、時価がふくらんだ分だけ21年3月期のマツダの業績を押し上げたかというと、そうではありません。持ち合い株の評価損益は原則として損益計算書（PL）を通らず、貸借対照表（BS、バランスシート）だけに反映するルールになっているからです。

☺ 「その他有価証券評価差額金」

　トヨタ株の値上がりによってバランスシートの左側が175億円ふくらんだわけですが、その分、バランスシートの右側も175億円ふくらまないと左右のつじつまが合いません。どこで調整するかというと、まず純資産の部の「その他有価証券評価差額金」の項目です。たしかに

マツダのその他有価証券評価差額金

純資産の部		
株主資本	20年3月期	21年3月期
資本金	283,957	283,957
資本剰余金	264,917	263,028
利益剰余金	552,993	508,784
自己株式	△2,186	△2,187
株主資本合計	1,099,681	1,053,582
その他の包括利益累計額		
その他有価証券評価差額金	2,231	16,002
繰延ヘッジ損益	321	△312
土地再評価差額金	※3 145,574	※3 145,536
為替換算調整勘定	△48,256	△30,897
退職給付に係る調整累計額	△24,604	△2,181
その他の包括利益累計額合計	75,266	128,148
新株予約権	290	382
非支配株主持分	30,609	13,718
純資産合計	1,205,846	1,195,830
負債純資産合計	2,787,640	2,917,414

20年3月期の22億円から21年3月期は160億円に増え
ていて、トヨタ株の値上がりの影響をうかがわせます。
ちなみに「その他有価証券」というのは売買目的で持っ
ている有価証券ではない「その他」の有価証券のこと
で、要するに大体が持ち合い株です。

☺ もともとの取得簿価に対して

　この先はちょっと細かいのですが、その他有価証券評
価差額金の22億円とか、160億円とかいうのは「マツダ
の持っているその他有価証券全体でみると、もともとの
取得簿価に比べて、これだけの評価益が出ています」と
いう数字です。

　つまり、20年3月期の評価差額金が22億、21年3

月期の評価差額金が160億円なら、この2年間で合計182億円の評価益が出たのかというと、そうではありません。22億円は160億円に含まれる内数であり、160億円というのはもともとの簿価と比べた評価益だということです。

☺〉 期末に時価評価

　したがってトヨタ株の場合、21年3月31日の期末時点のBSには時価評価して714億円の簿価で載せるのですが、翌4月1日にはいったん2017年10月に取得した当時のもともとの簿価500億円に戻します。その後は決算期末ごとに一瞬だけ時価評価した簿価に書き換え、それとの見合いでバランスシートの右側にその一瞬だけその他有価証券評価差額金を計上します。

☺〉 評価差額金が少なすぎるのは…

　ここから先はもっと細かいです。その他有価証券のもともとの取得簿価と期末時価の差がその他有価証券評価差額金なのだとすれば、21年3月期はトヨタ株だけで214億円の評価差額金があるはずですよね。それなのに、トヨタ株以外も含めた全体で160億円というのは少なすぎると思いませんか。

☺ ほかに評価損はないのに

　マツダが別の持ち合い株で大きな評価損を抱えている
わけではありません。トヨタと持ち合いをする前の17
年3月期にも39億円の評価差額金がありました。ここ
で種明かしをすると、実はトヨタ株の214億円の評価益
が計上される項目は、評価差額金のほかにもあるので
す。

☺ 「繰り延べ税金負債」

　勘のいい記者さんはお気づきと思いますが、それは税
効果会計に伴う「繰り延べ税金負債」です。500億円で
買ったトヨタ株が714億円に値上がりしたことは事実で
すが、それを仮に714億円で売却できても差額の214億
円がまるまる利益になって純資産に積み上がるわけでは
ありません。評価益が実現益になれば、税金がかかるか
らです。将来もし売却したら支払わなければならない税

マツダの繰り延べ税金負債

繰延税金負債	20年3月期	21年3月期
関係会社の留保利益	△14,200百万円	△13,532百万円
在外子会社における為替換算差額	△11,983百万円	△10,168百万円
有価証券評価差額金	△1,391百万円	△7,073百万円
退職給付に係る資産	△2,287百万円	△2,990百万円
その他	△5,996百万円	△5,463百万円
繰延税金負債合計	△35,857百万円	△39,226百万円
繰延税金資産の純額	84,559百万円	54,646百万円

金は214億円から差し引いたうえで繰り延べ税金負債に計上します。

☺ 実効税率30％でつじつま

マツダの有報をみると、21年3月期は有価証券評価差額金を発生原因とする繰り延べ税金負債が70億円あります。ということは、マツダが持っている持ち合い株のもともとの取得簿価と期末時価の差は大体230億円あり、そのうち160億円が「その他有価証券評価差額金」、残りの70億円が「繰り延べ税金負債」に計上されているということです。いずれも大半がトヨタ株の値上がりによるものです。法人の実効税率は大体30％くらいなので、つじつまが合います。

☺ BS に見当たらないのはなぜか

この先はもっともっと細かいです。有価証券評価差額金を発生原因とする70億円を含めてマツダの繰り延べ税金負債は392億円あるのですが、バランスシートの負債の部をさがしても載っていません。これは繰り延べ税金資産と相殺して、ネットの繰り延べ税金資産を資産の部に載せているからです。

☺ もっともっともっと細かい話

もっともっともっと細かい話です。繰り延べ税金資産

と繰り延べ税金負債の差し引きは、連結決算に含まれる個別の会社ごとにやっていて、ネットで資産になる会社の繰り延べ税金資産の合算値をバランスシートの左側の資産の部に、ネットで負債になる会社の繰り延べ税金負債を合算してバランスシートの負債の部に載せます。マツダのバランスシートに繰り延べ税金負債という個別項目はありませんが、負債の部の「その他」に繰り延べ税金負債が含まれているのです。

☺ 簡単な模式図です

　繰り延べ税金負債を繰り延べ税金資産と相殺しない場合のBSの模式図を作ってみました（次ページ）。取得簿価500億円の持ち合い株が1000億円に値上がりすると、税率30％なら評価差額金が350億円、繰り延べ税金負債が150億円となります。

☺ 6分の1ではなく14％?

　先ほどマツダの時価総額が約6000億円で、マツダが持つトヨタ株の時価が約1000億円だから、マツダの時価総額の6分の1はトヨタ株によるもの、という風なことを書いたばかりですが、仮にトヨタ株を1000億円で売ったとしても売却益の500億円に150億円くらいの税金がかかるわけなので、計算すると6分の1より少し小さい14％くらいかもしれませんね。

持ち合い株が値上がりすると…

マツダは取得簿価500億円のトヨタ株が時価1000億円に
（税率30％の場合）

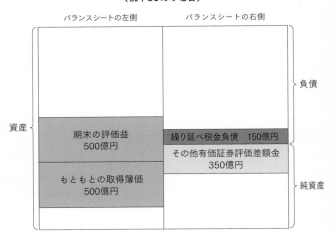

バランスシートの左側　　　　　　バランスシートの右側

資産

期末の評価益
500億円

もともとの取得簿価
500億円

負債

繰り延べ税金負債　150億円

その他有価証券評価差額金
350億円

純資産

☺ 会社とはなにか

　以上、いろいろ数字をこねくり回してしまいましたが、持ち合い株というのは日本の上場企業に特徴的な資本形態であり、資本効率だけでなく、コーポレートガバナンスとか、会社とはなにか、といった議論にもかかわってくる話です。記者のみなさんは関心を持って取材してみてください。

プライム適合計画書を読もう。

28

（2022年3月4日）

新人記者のみなさん、東京証券取引所の60年ぶりの市場再編まで残すところ1カ月となりました。これまで日本企業にとって金看板だった「東証1部」の上場企業が増えすぎたため、4月4日に東証1部は新しい最上位市場「プライム」に衣替えされます。

☺ 投資家と建設的な対話

東証を運営する日本取引所グループによると、プライム市場は「グローバルな投資家との建設的な対話を中心に据えた企業向けの市場」です。世界的に通用する立派な会社の集まりのように聞こえますが、ガバナンスの面では「内輪の安定株主だけで特別決議ができてしまうのは、ちょっと問題がありますからやめましょう」という水準だという話は以前に書きました。

☺ 「骨抜き」との批判

それでも「流通株式比率35％以上」「流通株式時価総額100億円以上」といった上場基準を満たしていれば、

堂々とプライムの看板を掲げればいいわけです。ところが、プライム基準に未達でも「頑張っていずれ基準を満たすつもりです」という計画さえ出せば当面はプライムに居られるというのが、今回の市場再編が「骨抜き」と批判される理由のひとつです。

☺️「当面」とはいつまで？

しかも、その「当面」は具体的にどのくらいの期間なのか決まっていません。このため、理屈のうえでは「5年か10年かかりそうですが、じっくりと取り組んでいきます」といった会社もプライムに残れるし、現実に残ることになりました。

☺️ 84％がプライム選択

東証の1月時点の集計によると、東証1部の2185社のうち市場再編でプライムを選択したのは84％に相当する1841社でした。そのうち297社はプライム基準を満たしていません。これからどうやって基準を満たすのか「プライム適合計画書」で開示し、ひとまず最上位市場にとどまります。

プライム適合計画書に決まった形式はなく、その分、プライムにふさわしい「投資家との建設的な対話」を各社がどう考えているのか見えてきます。

☺ 酒井重工業はどうか

1月の朝刊1面連載「東証再編～市場はよみがえるか」では建設機械メーカー、酒井重工業の「経営方針の大転換」を取り上げていました。この会社はプライム基準を満たさない297社のうちの1社で、道路工事のとき鉄輪で地面を押し固めるロードローラーの専業大手。売上高でみると、コマツの100分の1ですが、はたらく車が好きな幼児などに人気があります。

☺ 流通株式数を増やすか、株価を上げるか

297社のうち214社は「流通株式時価総額100億円以上」という基準を満たしていません。では流通株式時価総額を増やすには、どうすればいいでしょうか。

当たり前ですが流通株式時価総額というのは「流通株式数×株価」なので、流通株式数を増やすか、株価を上げるか、という話になります。

持ち合いの株主に保有株式を売り出してもらって流通株式数を増やせば、それだけで流通株式時価総額は上がります。

もうひとつは株価を上げることです。酒井重工業の流通株式比率は61％とすでに高いので、同社にとってはこちらが重要です。プライム適合計画書を見てみましょう。

☺ TSR を頂点に

「企業価値向上に向けた取り組み」と題するピラミッド図の頂点にあるのが「TSR（株主総利回り、Total Shareholder Return)」です。以前に書きましたが、キャピタルゲイン（値上がり益）とインカムゲイン（配当）を合計した投資家の究極の関心事です。

☺ DOE とは

ピラミッド図でTSRの下にあるのが財務資本政策です。まず26年3月期までに5億〜20億円の自社株買い。これはいいとして、さらに「ROEが3%を下回る場合は

中期的な当社経営方針の概要と取り組み（酒井重工業開示資料）

配当性向100％、ROEが3〜6％の場合はDOE3％、ROEが6％超の場合は配当性向50％」とややこしいことが書いてありますが、新人記者のみなさんは分かりますか？

　おさらいですが、ROEというのは自己資本利益率（Return On Equity）、自己資本に対して何％の純利益を上げているか、という収益力の指標でした。**DOE**というのは、ちょっと聞き慣れませんが、**株主資本配当率**（Dividend On Equity ratio）のことです。

☺ 投資家への約束

　配当をめぐる指標としては、いまの株価に対してどのくらいの配当が出るか、という「予想配当利回り」がよく使われますが、DOEは株主資本に対してどのくらいの配当が出るか、という指標です。したがって、酒井重工業の投資家への約束は以下のようになります。

「ROEが3％を下回るような低収益であれば、申し訳ないので利益はすべて配当に回します。ROEが3〜6％の場合は3％を上回る分だけは配当せず会社に残しておきます。ROEが6％を超えても会社に残しておくのは利益の50％までで、残りの50％は配当に回します」

☺ 前向きな評価

　投資家の反応はどうでしょうか。プライム計画書は21年12月10日発表ですが、この配当政策は半年前の6

月2日発表の中期経営計画で明らかにしていました。株価の推移をみると、前向きに評価されたことが分かります。足元の流通株式時価総額は約82億円まで増えているので、今後プライム基準を満たす可能性は十分にありそうです。

☺ ハードルが高い会社も

ところで、会社によっては、かなりハードルが高いプライム適合計画書を出しているようです。名古屋市に本社があるブラスというハウスウェディング会社は流通株式時価総額が数十億円とみられますが、同社の計画書をみると、27年7月期の売上高はこれまでの最高の2倍近い198億円、純利益は同2倍強の11億円としています。

酒井重工業の株価

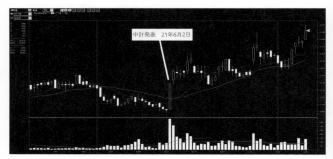

☺ PER でつじつま合わせ？

　さらに過去 3 年平均で 9 倍程度だった PER が同業大手と同水準の 17 倍程度まで上がると想定して、ようやく流通株式時価総額が 102 億円という計画です。先のことは分からないとはいえ、まず流通株式時価総額 100 億円以上ありきで、多少の無理を承知で数字のつじつまを合わせたのではないかと勘繰りたくなります。

プライム基準とＪリーグの
チェアマン人事の関係は…

29

（2022年3月11日）

　新人記者のみなさん、プライム適合計画書を出した企業のひとつに、ゆうちょ銀行があります。同行の株式時価総額は約3兆6000億円と大きいのですが、親会社の日本郵政が約90％の株式を保有しており、「流通株式比率35％以上」という基準を満たしていないのです。

☺ 郵政民営化法に書いてある

　ゆうちょ銀行のプライム適合計画書にはなんと書いてあるのでしょうか。計画書を要約すると「郵政民営化法に、日本郵政はゆうちょ銀行株をすべて手放すことを目指すと書いてある」「日本郵政グループの中期経営計画に、ゆうちょ銀行株の保有割合をできるだけ早く50％以下にすると書いてある」と書いてあります。

☺ 経済情勢にも左右される

　さらに、日本郵政によるゆうちょ銀行株の売り出しは「経済情勢や市場環境等にも左右される」とも書いてあります。要するに、流通株式比率はゆうちょ銀行だけの

ゆうちょ銀行のプライム適合計画書より

○　当行の上場維持基準の適合状況及び計画期間

当行の移行基準日時点におけるプライム市場の上場維持基準への適合状況は、以下のとおりとなっており、流通株式比率について基準を充たしておりません。

当行の親会社である日本郵政株式会社は、2021年9月末日現在において、当行の発行済株式総数のうち約89％を保有しておりますが、当行としても2026年3月末までに上場維持基準を充たすために各種取組を進めてまいります。

(1) 郵政民営化法において、日本郵政株式会社が保有する当行株式は、その全部を処分することを目指し、当行の経営状況及びユニバーサルサービスの提供への影響等を勘案しつつ、できる限り早期に処分するものとされていること。

(2) 2021年5月14日に公表された日本郵政グループ中期経営計画「JPビジョン2025」において、日本郵政株式会社は、当行株式の保有割合を、中期経営計画期間中(2021年度〜2025年度)のできる限り早期に50％以下とすることを目指す方針を打ち出していること。

	株主数	流通株式数	流通株式時価総額	流通株式比率	1日平均売買代金
当行の状況（移行基準日時点）	421,446人	3,977,666単位	3,847億円	8.8％	25.4億円
上場維持基準	800人	20,000単位	100億円	35％	0.2億円
計画書に記載の項目				○	

※当行の適合状況は、東証が基準日時点で把握している当行の株券等の分布状況等を基に算出を行ったものです。

判断ではいかんともしがたく、利益を増やして企業価値を上げるよう頑張るだけです、というわけです。

　ちなみに郵政民営化法は、日本郵政が保有するゆうちょ銀行とかんぽ生命の株式はいずれすべて売却するものの、日本郵政の株式の3分の1超は将来も日本政府が持ち続けることを決めています。

☺ NTT、JT、JRは…

　ついでに脱線しますと、法律で政府に株式保有を義務付けている会社が日本郵政のほかにもあります。もともと電電公社だったNTTと専売公社だったJTは政府が3

分の1以上を持つ決まりになっていて、現在はいずれも最低限の分しか持っていません。JT株は東日本大震災の復興財源に充てるために保有義務を2分の1以上から3分の1以上に引き下げて約1兆円分を売り出した経緯があります。旧国鉄であるJR東日本、西日本、東海、九州の上場4社は、すべての株を手放して完全民営化しています。

☺⌐「流通株式」の定義は

　話を戻しますと、プライム基準でいう流通株式というのは、こうした法律で縛られている政府保有株などとは対極にある、常に売り買いされる可能性がある流動性の高い株式のことです。東証の定義によれば、以下のような株主が持っている場合は流通株式とは認められません。言い換えれば、流通株式比率を上げるには、これらを減らさなくてはなりませんが、新人記者のみなさんは、どんな方法があるか考えてみてください。

　①10％以上の主要株主（一部例外あり）

　②役員やその家族

　③自己株式

　④日本の銀行、保険会社、事業会社など（一部例外あり）

　⑤東証が「固定的」とみなす株主

☺ 手っ取り早い自己株式消却

まず手っ取り早い方法として、③自己株式の消却があります。市場から自社株買いで取得した自己株式は「金庫株」として純資産の部に▲（マイナス）付きで載っています。トヨタがマツダとの持ち合いのときにマツダに第三者割当で売り出したのも金庫株でした。これを売り出したりせず、完全に消滅させてしまう手続きが消却です。発行済み株式数と自己株式数が減り、流通株式比率が上がります。

☺ デサントの場合は…

持ち合い株の関係では、①や④に働きかけて保有株を売り出してもらうという選択肢があります。これによってプライム基準を満たしたと開示している会社のひとつがスポーツウエア大手のデサントです。この会社は2019年、筆頭株主の伊藤忠商事から敵対的TOBをかけられ、同社の出資比率が40％に高まり、同社出身の社長が就任しました。

☺ 伊藤忠は売らない

デサントの場合、34.8％だった流通株式比率を35.0％以上に上げればいいので、伊藤忠が持ち株をちょっとだけ手放せば済むような気もしますが、事の経緯からして

伊藤忠の出資比率はわずかであっても下げられず、④に働きかけたと思われます。

☺〈 定義の網をすり抜けた USEN

　東証の定義の網をすり抜けるようにして④と②を組み合わせ、流通株式比率を 24.7％ から 36.3％ に上げたのが動画配信サービス「U－NEXT」の運営会社、USEN－NEXT　HOLDINGS です。流通株式比率が 10 ポイント以上も上がったのに、実質的な株主構成は何も変わっていないという魔法のような USEN のスキームを具体的に見ていきましょう。

☺〈 光通信の「純投資」

　銀行や保険会社、事業会社が持っている株は流通株式とみなさない④の定義には例外があります。保有目的が「純投資」で、しかも 5 年以内に売買実績があれば流通株式に含めていい、というものです。USEN は大株主の光通信に働きかけたとみられます。

☺〈 ちょこちょこ売って実績？

　光通信は安定株主ではありますが、もともと USEN 株の保有目的を「純投資」としていたので、売買実績さえあれば流通株式にカウントできます。大量保有報告書によると、21 年 12 月から 22 年 1 月にかけて、光通信が

光通信が提出したUSEN株の大量保有報告書

光通信はUSEN株を市場でちょこちょこと売却したうえで、吸収分割によってエスアイエルにUSEN株の一部を持たせている

(5) 【当該株券等の発行者する株券等に関する最近60日間の取得又は処分の状況】

年月日	株券等の種類	数量	割合	市場内外取引の別	取得又は処分の別	単価
令和3年12月23日	普通株式	3,300	0.01	市場内	処分	
令和3年12月24日	普通株式	5,500	0.01	市場内	処分	
令和3年12月27日	普通株式	4,600	0.01	市場内	処分	
令和3年12月28日	普通株式	3,300	0.01	市場内	処分	
令和3年12月29日	普通株式	3,300	0.01	市場内	処分	
令和3年12月30日	普通株式	3,300	0.01	市場内	処分	
令和4年1月4日	普通株式	3,300	0.01	市場内	処分	
令和4年1月5日	普通株式	3,400	0.01	市場内	処分	
令和4年1月6日	普通株式	4,600	0.01	市場内	処分	
令和44年1月7日	普通株式	3,700	0.01	市場内	処分	
令和4年1月11日	普通株式	3,600	0.01	市場内	処分	
令和4年1月11日	普通株式	1,380,700	2.30	市場外	処分	吸収分割

(6) 【当該株券等に関する担保契約等重要な契約】

令和3年11月9日、提出者は株式会社UH Partners4(令和4年1月11日付商号変更後：株式会社エスアイエル)との間で、提出者の営む有価証券保有管理事業に係る権利義務の一部を承継させるため吸収分割を行うこととし、「吸収分割契約」を締結いたしました。

承継資産は、提出者が保有する発行者の普通株式の一部である1,380,700株を含むものであり、効力発生日は令和4年1月11日であります。

持っていた9.7％のほんの一部が市場でちょこちょこ売却され、さらに2.3％ほどがエスアイエルという会社に吸収分割されていました。この取引によって流通株式の定義を満たしたとみられます。

☺ 副社長COO 島田氏の退任

　もっとも、光通信とエスアイエルが持つ9.7％を流通株式とみなしても、流通株式比率35％にはわずかに足りません。そこで②にも動きがありました。副社長

流通株式の定義見直し

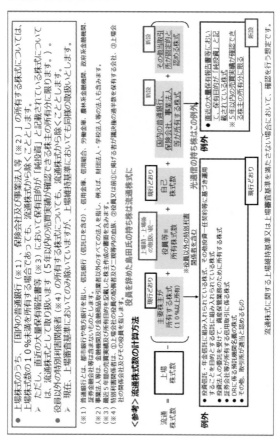

出所：JPX

COOだった島田亨氏が21年11月の株主総会をもって退任しています。これによって島田氏が持っている1.7%が定義上は流通株式になるのです。

☺ ヒルズ族の兄貴分の意向？

USENという会社は、かつて「ヒルズ族の兄貴分」と言われた起業家の宇野康秀氏が家業の有線放送会社を継いで再建しました。宇野氏が資産管理会社とあわせて株式の60%超を握るオーナーです。50歳代半ばの働き盛りである島田氏の退任は流通株式比率のつじつま合わせではないか、と勘繰りたくもなりますが、そうとも言い切れません。

☺ スポーツ紙のチェアマン就任報道

というのは、島田氏の退任の少し前、スポーツ紙で同氏がサッカーJリーグの次期チェアマンに就任するとの観測報道が出ていたからです。結果的にチェアマンには別人が就任しましたが、かつて楽天球団社長としてドラフトで田中将大投手を引き当て、楽天副社長も務めた島田氏の経歴を考えれば、再びプロスポーツのマネジメントに転じるタイミングだったのかもしれないですね。

☺ 制度の趣旨に合うか

これらは臆測を重ねての頭の体操に過ぎず、取材をし

ないと本当のところは分かりません。それはともかく、若いころ、ともにリクルートを飛び出して人材派遣会社を立ち上げた宇野氏と島田氏の間柄を考えると、役員を退任すれば持ち株が流通株式にカウントされるというのは制度の趣旨に合うのかどうか、という気もします。

☺ 公表資料、報道、取材を重ねると…

　長くなってしまいましたが、プライム基準をどう満たすか、というテーマひとつ取っても個々の会社の動きはいろいろです。有価証券報告書や大量保有報告書などの公開情報、各種の報道をウオッチし、そこに自分の取材を重ねていけば、思いがけないストーリーが見えてくるかもしれません。

満鉄の夢が
コーエーテクモに…

30

（2022年3月18日）

　新人記者のみなさん、ゲーム大手コーエーテクモホールディングスが東証プライム基準を満たすため「**リキャップCB**」という財務スキームを使いました。リキャップCBは、伊藤レポートによって「日本企業はROE8％を目指しましょう」というムードが強まった2014年以降に一時ブームになりましたが、その後すっかり下火になっていたものです。

☺ リキャップCBの目的は

　リキャップCBというのは、新株予約権付社債（転換社債＝CB、Convertible Bond）という種類の社債を投資家に買ってもらい、そのお金を自社株買いに充てる取引です。資本市場からお金を調達する一方で、そのお金をそのまま資本市場に投じるわけで、何がしたいのか分かりにくいですね。

☺ 資本の再構成

　リキャップCBの一般的な目的は、「リキャピタリゼ

リキャップCBのイメージ図

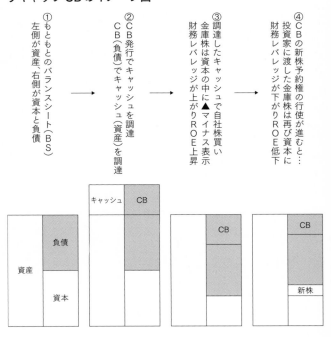

①もともとのバランスシート（BS）
左側が資産、右側が資本と負債

②CB発行でキャッシュを調達
CB（負債）でキャッシュ（資産）を調達

③調達したキャッシュで自社株買い
金庫株は資本の中に▲マイナス表示
財務レバレッジが上がりROE上昇

④CBの新株予約権の行使が進むと…
投資家に渡した金庫株は再び資本に
財務レバレッジが下がりROE低下

ーション（Recapitalization）」、つまり資本の再構成で
す、と言われてもますます分かりにくいです。ここで思
い出してほしいのは、会社がビジネスのために調達する
資本には、株式などの自己資本（エクイティ）と、社債
などの他人資本（デット）があるという話です。

☺「エクイティ本部」の相場操縦疑い

　先々週、小糸製作所株などの相場操縦の疑いで逮捕された SMBC 日興証券の担当者たちが「エクイティ本部」所属であったことでも分かるように、エクイティというのは大ざっぱに言えば株のことです。そのエクイティを減らし、その代わりにデットを増やしましょう、というのがリキャップ CB なのです。

☺ ROE が上がる

　それで何かいいことがあるのかというと、ROE が上がります。ROE は自己資本利益率（Return On Equity）なので、分子の純利益がそのままでも分母の自己資本が減れば上がります。ROE は「売上高純利益率」「総資産回転率」「財務レバレッジ」という 3 つの要素のかけ算に分解できますが、リキャップ CB にはそのうち財務レバレッジを高める効果があります。

☺ 新株予約権付社債（CB）とは

　CB というのは、あらかじめ設定された「転換価格」で株式に引き換えてもらえる権利が付いている社債です。この権利を新株予約権といいます。例えば、投資家がある会社の株価が 1000 円のときに、その会社が発行した転換価格 1250 円の CB 100 億円を買ったとします。

その後、株価が2000円に上がったときに権利行使すると、どうなるでしょうか。

☺⟨ 権利行使して売却益も

100億円のCBは、1株1250円で株式に引き換えてもらえるので、100億円÷1250円で800万株もらえます。市場では1株2000円で取引されていますから、この800万株を1株2000円で売れば160億円になり、差し引き60億円もうかるわけです。

☺⟨ 普通社債（SB）でよいのでは？

CBの仕組みは分かったとして、リキャップが目的なら、ややこしい新株予約権など付けずに普通社債（SB = Straight Bond）でいいのではないか、もっと言えば、債券を発行するよりも手元の現金を使うのが先ではないか、と思いませんか。その通りです。

☺⟨ 素晴らしい？

わざわざCBでリキャップをするのは、CBは現在のような超低金利下では「ゼロクーポン」つまり金利ゼロで発行できるからです。このため、アベノミクスにまだ勢いがあった2014年ごろまでは「なるほど。金利コストがゼロならSBよりいいですね」「それでROEも上がるのだから素晴らしいですね」とブームになりかけまし

た。

☺〈 よく考えればおかしな話

ところが、よく考えればおかしな話です。ゼロクーポンの CB を投資家が買うのは、当たり前ですが新株予約権という特典が付いているからです。CB はゼロクーポンだから SB よりも有利だという議論は、新株予約権の価値はどのくらいか、という重要な論点が抜け落ちています。しかも、株価が転換価格を超えて新株予約権が行使されればリキャップという当初目的に反してエクイティの割合が元に戻っていきます。

☺〈 市場は売りで反応

このため「一時的に ROE が上がっても意味がないのではないか」という見方が広がり、次第に株式市場はリキャップ CB に対して売りで反応することが多くなりました。

☺〈 東証が注意文書

リキャップ CB で何がしたいのか、最もはっきりしていたのは証券会社だったかもしれません。手数料は CB 発行額の 2% くらい。SB に比べてかなり高めなのです。こうしたリキャップ CB をめぐる問題は、東証が 2017 年、わざわざ文書を発表して注意喚起しています。金融

庁の審議会でリキャップCBがやり玉にあげられたこと
もあります。

☺ コーエーテクモは異色

前置きが長くなりすぎましたが、コーエーテクモのリ
キャップCBはやや異色で、リキャップが目的ではありま
せん。プライム基準を満たすため、エクイティの中での
「流通株式」の比率を現在の32.3％から35％以上に高
めるのが狙いです。具体的な仕組みを見てみましょう。

☺ 創業夫婦で65％

コーエーテクモは2009年にコーエーとテクモが経営
統合した会社で、コーエー創業者夫婦の襟川恵子会長、
襟川陽一社長らファミリーだけで株式の約65％を持って
います。流通株式比率はファミリーの保有株を市場で
売り出せば手っ取り早く高められるのですが、売買の需
給が崩れて株価が大きく下がってしまうかもしれませ
ん。

☺ ファミリー保有株をTOB

そこで、CBで調達した460億円でまずファミリーの
保有株をまとめて自社株買いして金庫株にしておき、将
来、株価が上がってCBの新株予約権が行使されるとき
に金庫株を充てればよい、というスキームを組みまし

た。一般に権利行使は少しずつ進むので、全体として「買うときはまとめて、売るときは少しずつ」になります。これで株価下落を抑えようという作戦なのです。

☺ 株主平等の原則

　ただし、特定のファミリー会社からだけ自社株を買うのは株主平等の原則に反するため株主総会での特別決議が必要です。そこで、どの株主も応募できる自社株TOB（株式公開買い付け）の体裁にするものの、TOB価格は市場価格より10%安くしました。損をしてまでTOBに応募するのはファミリー会社だけという仕組みです。

☺ 流通株式の定義は

　CB発行も自社株TOBも計画通りに完了しましたが、ファミリー会社の保有株が金庫株になっても流通株式とみなされないのは同じ。新株予約権が行使されて金庫株が投資家の手に渡って初めて流通株式となります。日本の銀行や事業会社の持ち株は流通株式の定義に含まれないため、CBはあらかじめ海外投資家に買ってもらっています。

　権利行使の見通しは、どうでしょうか。リキャップCBを発行した2021年12月2日の株価終値は4870円。これを10%上回る5357円が転換価格で、本日18日終値

は4250円でした。

😊 転換価格を超えなかったら

　権利行使期限までまだ3年近くありますが、株価が転換価格を超えなかったらどうなるでしょうか。ゼロクーポンのCBを買った投資家は1円も利益が出ないのか、というと、そうでもありません。CBを買うとともにコーエーテクモ株を空売りした投資家はCBと株のトータルではすでに利益が出ています。

😊 作戦変更で消却か

　一方、コーエーテクモはプライム基準を満たすための作戦を変更しなくてはなりません。有力なのは発行済み株式数の5.36％に相当する金庫株の消却です。すべて消却すれば流通株式比率は35％を上回りそうです。もっとも、新株予約権が権利行使されないため、CBの元本の償還資金として460億円の手当てが必要になります。

😊 株式投資が大好き

　実はコーエーテクモのバランスシートを見れば、リキャップCBなどややこしいスキームを使わなくても、理論的には自社株TOBだけをして、そのまま消却する選択肢も有力なのです。それだけの手元流動性がある会社だからです。それでも、わざわざリキャップCBのスキ

ームでキャッシュの出入りを差し引きゼロにする理由を考えると「襟川恵子会長が大好きな株式投資を縮小したくないから」という見方ができます。

☺ 運用資産を減らすくらいなら

コーエーテクモの21年12月末の総資産は約2500億円、そのうち約1600億円が有価証券で、運用の指揮を

コーエーテクモホールディングス
2022年3月期　第3四半期決算短信

2．四半期連結財務諸表及び主な注記
（1）四半期連結貸借対照表

（単位：百万円）

	前連結会計年度 （令和3年3月31日）	当第3四半期連結会計期間 （令和3年12月31日）
資産の部		
流動資産	約2500億円の総資産のうち約1600億円が有価証券	
現金及び預金	11,995	31,483
受取手形及び売掛金	11,253	-
受取手形、売掛金及び契約資産	-	12,887
有価証券	5,238	59,285
商品及び製品	161	26
仕掛品	113	84
原材料及び貯蔵品	70	128
その他	4,916	4,577
貸倒引当金	△9	△12
流動資産合計	33,739	108,466
固定資産		
有形固定資産		
建物及び構築物（純額）	24,409	24,218
土地	14,930	15,194
建設仮勘定	42	-
その他（純額）	1,399	1,457
有形固定資産合計	40,781	40,869
無形固定資産		
その他	240	246
無形固定資産合計	240	246
投資その他の資産		
投資有価証券	113,176	99,742
繰延税金資産	212	219
退職給付に係る資産	1,228	1,529
その他	1,291	1,489
投資その他の資産合計	115,909	192,979
固定資産合計	156,931	144,096
資産合計	190,671	252,563

執っているのが襟川会長です。自社株TOB資金のために有価証券を何百億円も売らされると、その分だけ楽しみが小さくなってしまいます。ファミリー会社がTOBに応じるだけでもかなりの税負担が発生するとみられ、そのうえ会社の運用資産も減らすくらいなら、と考えてリキャップCBを選択したストーリーが浮かびます。

☺⌐ 祖母のアタッシュケースに

取材もしていないのにあれこれ想像をふくらませたのは、21年3月8日に電子版に公開された襟川会長のインタビューを読んだからです。記事によると、襟川会長の株との出会いは6歳のころ、祖母がアタッシュケースを取り出して「ここには昔、満鉄の株がいっぱい詰まっていたのに、戦争で全部なくなってしまったのよ」と話して聞かせたことだそうです。その祖母に教わった「株で損をする人はバカよ。株は上がったり下がったりするもの。下がっているときは売らずに持っていればまた上がるからね」が襟川会長の投資哲学だそうです。

☺⌐ サラリーマン社長ならクビ

株式投資が大好きで会社の資金を運用していたといえば、代表権のない名誉会長に退くと15日発表されたサンリオの辻信太郎会長もかつて有名でした。2001年3月期に大きな損失を出して株式投資から撤退。当時の日経

新聞に「サラリーマン社長ならとっくにクビ」という本人のコメントが載っています。後継社長となった長男が急逝する不幸を乗り越えて孫にバトンをつなぎ、94歳にしてようやく肩の荷を下ろせるというところでしょうか。

寸言

サラリーマン社長ならとっくにクビ
辻信太郎サンリオ社長

東京証券取引所で二十一日記者会見し、日本電信電話（ＮＴＴ）グループ株を中心とした株式の運用損で今期は四十九億円の連結最終赤字に転落する見通しだと発表した。

これまで「私は四十年以上の株式運用経験があり、赤字は出さない」と繰り返していただけに、赤字転落の責任を問われると、冒頭の言葉を口に。一方で「しかし、こんな株価が下がるとはだれも予想できなかった。ＮＴＴグループに文句を言いたいぐらいだ」と強気の姿勢も。

出所：日本経済新聞 2001 年 3 月 26 日朝刊

☺ こちらも元気に

　ウクライナ侵攻で世界の株式市場が変調をきたしていますが、襟川会長は祖母の教え通り「コーエーテクモ株はまた上がる」と確信していると思います。自分の力で道を切り拓いてきた創業者ならではの楽観主義というか、前向きな人生観が感じられ、こちらも元気が出てくるようなインタビュー記事なので、新人記者のみなさんも読んでみてください。

大量保有報告書を見てみると…

31

（2022年4月8日）

新人記者のみなさん、旧村上ファンド系の投資会社がコスモエネルギーホールディングスの実質的な筆頭株主になったり、米テスラ CEO のイーロン・マスク氏がツイッターの大株主になって同社取締役におさまったり、今週は株式の大量保有をめぐるニュースが相次ぎました。

☺ 金商法の「5%ルール」

上場企業の経営支配権にかかわるような株式異動は一般株主の投資判断にも大きな影響を与えます。このため、日本では上場企業の発行済み株式の5%超を持った株主は、金融商品取引法で決められた「大量保有報告書」を出さなければなりません。通称「5%ルール」です。金融庁サイト「EDINET」で見ることができます。

☺ 旧村上ファンド系がコスモ HD 株を

旧村上ファンド系の物言う株主（アクティビスト）であるシティインデックスイレブンスなどは4月5日（火）

EDINET 画面

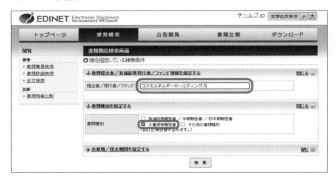

に大量保有報告書を提出し、日経電子版は同日夕に「コスモ HD、旧村上ファンド系が筆頭株主に　5.81％保有」と報じました。報告書は持ち株比率が5％を超えた日の翌日から数えて5営業日以内に出すルールになっています。

☺ 重要提案行為等

　投資会社シティインデックスイレブンスが個人の野村絢氏を共同保有者として提出した大量保有報告書を要約すると、コスモ HD 株を5.81％持っており、その目的は「投資及び状況に応じて経営陣への助言、重要提案行為等を行うこと」であるとのことです。日経電子版の第1

報もこれを見出しに取っているわけですが、報告書の細部をみると、より具体的なストーリーが浮かび上がります。

☺ クライマックスは1カ月近く前

シティインデックスと野村絢氏の持ち株比率が5%を超えて報告義務が生じたのは3月29日（火）でしたが、実は一連の取引のクライマックスは1カ月近くも前の3月10日（木）でした。「最近60日間の取得又は処分の状況」の欄をみると、5.81%のうち2.55%分をこの日に買っていたことが分かります。

シティインデックスは3月10日に217万株（発行済み株式の2.55%）を取得（同社の大量保有報告書）

（5）【当該株券等の発行者の発行する株券等に関する最近60日間の取得又は処分の状況】						
年月日	株券等の種類	数量	割合	市場内外取引の別	取得又は処分の別	単価
令和4年2月16日	株券	12,500	0.01	市場内	取得	
令和4年3月10日	株券	2,172,900	2.55	市場内	取得	
令和4年3月11日	株券	325,500	0.38	市場内	取得	
令和4年3月14日	株券	35,500	0.04	市場内	取得	
令和4年3月15日	株券	649,900	0.76	市場内	取得	
令和4年3月16日	株券	116,900	0.14	市場内	取得	
令和4年3月24日	株券	59,100	0.07	市場内	取得	
令和4年3月25日	株券	150,400	0.18	市場内	取得	
令和4年3月28日	株券	395,200	0.46	市場内	取得	
令和4年3月29日	株券	468,300	0.55	市場内	取得	

☺ アブダビ政府系が売却へ

　株価チャートをみると、3月10日にコスモHD株は一時前日比17%安まで急落しており、売買高は953万株にふくらみました。このうち217万株がシティインデックスの買いだったわけです。きっかけは前日9日の取引終了後にコスモHDが同社筆頭株主のアブダビ政府系ファンドが発行済み株式の15.7%に相当する1330万株すべてを売り出すと発表したことです。

☺ 旧村上ファンド系が買い向かう

　3月10日未明、売り出し価格が前日終値から16%安い2450円に決まり、10日は取引開始直後から売り注文が殺到しました。これをチャンスとみて買い向かったの

コスモHDの株価チャート

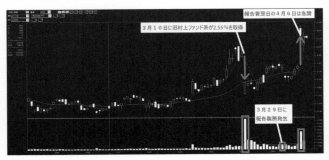

がシティインデックスだったのです。

シティインデックスが報告書を提出した翌4月6日（水）の株価は一時18％上昇しました。さらに持ち株比率が1％以上変動したときに提出する「変更報告書」を7日に出しており、直近の持ち株比率は7.09％になっています。

☺ 含み益は30億円規模？

1株平均2700円くらいで買っているので、本日8日（金）終値3235円で計算すると、30億円規模の含み益になっているとみられます。とはいえ、これを単純に売り抜けようとしても相場が崩れてしまうので、利益を確定するエグジット（出口）はまだまだ先でしょうか。6月の株主総会に向けて水面下で株主還元などをめぐる駆け引きがありそうです。

☺ EDGARにマスク氏

米国にも日本と同じような大量保有報告書があります。というよりも、米国のルールを日本が真似したというのが経緯だそうです。イーロン・マスク氏によるツイッター株9.2％取得も大量保有報告書によって明らかになった話です。

米証券取引委員会（SEC）に提出された各種報告書は日本のEDINETのような「EDGAR」というサイトで検

EDGAR 画面

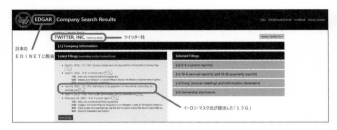

日本の
EDINETに相当

イーロン・マスク氏が提出した「13G」

索できます。ツイッター株に関する最近の開示をみる
と、たしかに4月4日にイーロン・マスク氏が出した
「13G」という形式の報告書が載っていますね。

☺ 超大物が初めて日本株

大量保有報告書はシティインデックスのような物言う
株主の動向をさぐる手掛かりになることが多いのです
が、2020年夏には世界的な超大物投資家の初めての日
本株買いが明らかになって大きなニュースになりまし
た。

☺ オマハの賢人

「投資の神様」とか「オマハの賢人」とか言われるウォ
ーレン・バフェット氏が率いる投資会社バークシャー・
ハザウェイが大手総合商社5社を5%強ずつ買っていた
のです。バフェット氏はさらに9.9%まで買い増しする

ウォーレン・バフェット氏のバークシャー・ハザウェイが
20年8月31日に総合商社5社の大量保有報告書を提出

提出日時	提出書類	コード	提出者／ファンド	発行／対象／子会社 詳細提出事由	PDF	XBRL	比較	備考
R2.08.31 09:01	大量保有報告書(特例対象株券等)	E35979	National Indemnity Company	発行: 三井物産株式会社	PDF	XBRL		
R2.08.31 09:01	大量保有報告書(特例対象株券等)	E35979	National Indemnity Company	発行: 伊藤忠商事株式会社	PDF	XBRL		
R2.08.31 09:01	大量保有報告書(特例対象株券等)	E35979	National Indemnity Company	発行: 住友商事株式会社	PDF	XBRL		
R2.08.31 09:00	大量保有報告書(特例対象株券等)	E35979	National Indemnity Company	発行: 丸紅株式会社	PDF	XBRL		
R2.08.31 09:00	大量保有報告書(特例対象株券等)	E35979	National Indemnity Company	発行: 三菱商事株式会社	PDF	XBRL		

5件中(1～5件表示)

可能性があると表明しました。

☺〈「外されたらみっともない」

　もともと総合商社は万年割安株の代表的な存在とされていただけに、投資の神様の初めての日本株買いに選ばれるというのは光栄な話。三菱商事、三井物産、伊藤忠商事、丸紅、住友商事はそれぞれ「我が社だけバフェット氏の買い増しから外されたらみっともないぞ」ということで競争心をあおられたのですが、それから2年近く変更報告書は出ていないので、持ち株比率で1%以上の増減はない、ということですね。

スクープの手掛かりはどこに。

32

　新人記者のみなさん、大量保有報告書に目を通してみましたか？　イーロン・マスク氏による米ツイッター株の大量保有は、報告書の提出遅延で一般株主ともめ始めたかと思っていたら、100％全株取得の提案という巨大スケールの話に急展開し、1面トップのニュースになりました。

☺〈「キャッシュで全株買収したい」

　米国株の開示資料が見られるサイト「EDGAR」でツイッター社のところをみると、4月13日の「13DA」にマスク氏の提案が載っています。「ツイッターは世界の民主主義に欠かせない自由な言論プラットフォーム。私がキャッシュで全株買収したい」とのことです。

☺〈東洋建設株 TOB でスクープ

　ところで、今週は日経新聞にも大量保有報告書を手掛かりにしたスクープ記事がありました。本日15日（金）付け朝刊ビジネス面の「Ticker　任天堂創業家　東洋建

TOB発表で株価急騰した東洋建設株

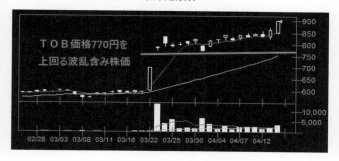

この案件の経緯を振り返ってみましょう。

設株19％取得　インフロニアTOB不透明に」です。

　準大手ゼネコン、インフロニア・ホールディングスによる株式公開買い付け（TOB）期間中の東洋建設株。それを大量に買い進める謎めいた投資家「WK1〜3」の正体は、任天堂創業家の御曹司が率いる投資ファンドであることを明らかにしたのです。

☺ TOB発表で急騰

　この案件の経緯を振り返ってみましょう。インフロニアが東洋建設TOBを発表したのは3月22日（火）午前11時のことです。600円程度で推移していた株価は、TOB価格の770円に向かって急騰。その日は値幅制限いっぱいのストップ高（100円高）で売買が成立せず、翌23日（水）にTOB価格をやや上回る784円で寄り付

4月14日（木）の東洋建設株の動き

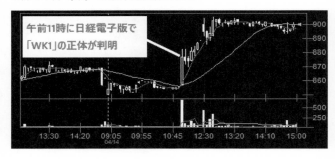

きました。

☺〈 株価は波乱含み、対抗TOBも?

　インフロニアは東洋建設の全株取得を目指しており、平穏なTOBであれば株価はTOB価格の770円にはりつくのですが、株価は発表の翌々日の24日（木）の寄り付きに833円まで上げました。いずれ770円で買い取られる予定のものの値段が833円なのですから、「もっと高値で対抗TOBをかける投資家が現れるかもしれない」という波乱含みの株価水準といえます。

☺〈 そして大量保有報告書

　タイムラグを経て大量保有報告書が出てきます。ケイマン籍のWK1〜3が東洋建設株の5.84%を持っていると

いう報告書を提出したのは3月31日（木）の取引終了後のこと。その後も1％以上の買い増しの変更報告書を連日のように出し、日経電子版がWK1〜3のスポンサーは任天堂創業家の「ヤマウチ・ナンバーテン・ファミリー・オフィス（YFO）」と報じた4月14日（木）11時の時点で持ち株比率は17.34％。報道を材料に株価は一段高となり、本日15日終値はTOB価格を19％上回る915円。TOBが成立するか雲行きが怪しくなっています。

☺ 旧村上ファンド系と入れ替わり

　WK1〜3の正体をどう突き止めたのかはスクープした記者のみが知るところですが、報告書の流れの中に取材の手掛かりがひとつあります。実はWK1〜3の大量保有報告書の前日3月30日（水）に旧村上ファンド系の投資会社レノが東洋建設株の大量保有の変更報告書を出しており、持ち株比率を7.31％から1.89％に急減させているのです。

　つまり、WK1〜3はちょうどレノと入れ替わりで大株主となったわけです。さらに報告書を子細に見ていくと、WK1〜3とレノの直接のつながりを示唆する取引があります。

☺ 市場外の50万株が一致

　レノの変更報告書とWK1〜3の大量保有報告書の「最

近60日間の取得または処分の状況」を見比べてみましょう。TOB発表翌日の3月23日（水）にレノは東洋建設株50万株（発行済み株式の0.53％）を市場外でフィリップ証券に1株780円で売却しています。同じ日、WK1とWK2が市場外でそれぞれ25万株、計50万株を1株780円で取得しています。これが偶然の一致でないとすれば、レノやフィリップ証券の周辺をさぐれば

**レノは3月23日、市場外でフィリップ証券に
1株780円で50万株を売却（同社の変更報告書）**

令和4年1月27日	株券	111,300	0.12	市場内	取得	市場内取引のため不明	
令和4年1月28日	株券	78,700	0.08	市場内	取得	市場内取引のため不明	
令和4年1月31日	株券	98,700	0.10	市場内	取得	市場内取引のため不明	
令和4年2月1日	株券	80,400	0.09	市場内	取得	市場内取引のため不明	
令和4年2月2日	株券	41,500	0.04	市場内	取得	市場内取引のため不明	
令和4年2月3日	株券	121,700	0.13	市場内	取得	市場内取引のため不明	
令和4年2月4日	株券	2,000	0.00	市場内	取得	市場内取引のため不明	
令和4年2月8日	株券	25,000	0.03	市場内	取得	市場内取引のため不明	
令和4年3月23日	株券	5,060,400	5.36	市場内	処分	市場内取引のため不明	
令和4年3月23日	株券	500,000	0.53	市場外	処分	フィリップ証券株式会社	780

**WK1は3月23日、市場外で25万株を取得。1株780円。
WK2も同じ日に同じ取引をしており、計50万株。**

（5）【当該株券等の発行者の発行する株券等に関する最近60日間の取得又は処分の状況】						
年月日	株券等の種類	数量	割合	市場内外取引の別	取得又は処分の別	単価
令和4年3月23日	普通	921,900	0.98	市場内	取得	
令和4年3月23日	普通	250,000	0.27	市場外	取得	780
令和4年3月24日	普通	834,700	0.88	市場外	取得	
令和4年3月24日	普通	500,000	0.53	市場外	取得	803

WK1〜3の正体に近づけるのではないか、という推理が成り立ちます。

☺️ 推理だけなら誰でも

もっとも、こうして推理するだけなら誰でもできる話で、長い時間をかけて築いた取材人脈に当たって裏付けを取り、しかるべきタイミングで報道するのは至難の業です。これから長い記者人生を歩んでいくみなさんも是非、挑戦してください。

☺️ WK1〜3ついに筆頭株主

ところで、東洋建設TOBの今後の展開はどうなりそうでしょうか。WK1〜3の持ち株比率はきょう出た報告書で20.75％とインフロニアの20.19％を抜き、ついに筆頭株主になりました。これは8日（金）までに取得した分。WK1〜3は今週さらに買い増した可能性が高いです。

☺️ TOB不成立なら神経戦

インフロニアはTOBを通じて持ち株比率を最低でも66.7％までに高め、その後は株主総会の特別決議によって少数株主から強制的に株式を買い取る「スクイーズアウト」の手続きで東洋建設を完全子会社にするつもりでした。しかし、現在の持ち株とTOB応募分を足して

66.7％に達しない場合、TOBは不成立となり、インフロニアとWK1〜3の大株主同士で神経戦が続くことになります。

☺⟨ 手打ちのシナリオも

インフロニアとWK1〜3が手打ちをするシナリオもあります。770円ではTOB成立があやういとみたインフロニアがTOB価格を引き上げ、これにWK1〜3が応募する展開です。インフロニアはややコスト高になるものの東洋建設を完全子会社にする所期の目的を達し、WK1〜3は超短期でそれなりの利益を上げられます。いったん不成立になった後で、WK1〜3と折り合える価格であらためてTOBをかける展開も考えられます。

☺⟨ このままTOB成立なら

一方、このまま770円でTOBが成立した場合はどうでしょうか。少数株主となるWK1〜3はスクイーズアウトによる強制買い取り価格が不当に安いと主張してインフロニアと争うことになりそうですが、過去の裁判例を見る限り、WK1〜3は分が悪いかもしれません。770円というTOB価格は東洋建設の1株当たり純資産698円を上回り、PBR（株価純資産倍率）は1倍以上。TOB発表前の株価に対しても3割近いプレミアム（上乗せ価格）が付いており、裁判所が「不当に安い」と判断する可能

性は低いとみられます。

☺ WK1〜3は絶対阻止へ

したがって、WK1〜3は高値で買い進めて勝負をかけた以上、770円でのTOB成立は絶対に阻止しなければなりません。最も確実なのはTOBが不成立となる持ち株比率33.4%まで取得することです。

☺ スクープの取材人脈を

いろいろと頭の体操をしてみましたが、取材をしなければ本当のところは分かりません。新人記者のみなさんも大量保有報告書に限らず各種開示資料をしっかり読み込んだうえで、スクープにつながるような取材人脈を築いていってください。期待しています！

参考文献

● 『新版　財務3表一体理解法』（國貞克則著、朝日新書）

● 『新版　財務3表一体理解法　発展編』（國貞克則著、朝日新書）

● 『新版　財務3表図解分析法』（國貞克則著、朝日新書）

● 『財務3表実践活用法　会計でビジネスの全体像をつかむ』
（國貞克則著、朝日新書）
このシリーズは貸借対照表（BS）、損益計算書（PL）、キャッシュフロー計算書（CF）の財務3表の関係が繰り返し丁寧に解説されています。初めて企業財務を取材する記者に薦めています。

● 『図解＆ストーリー「資本コスト」入門　改訂版』
（岡俊子著、中央経済社）
財務諸表が一通り読めて本格的な財務分析に取り組む記者に薦めています。架空の上場企業の社外取締役3人の会話を通じて複雑な理論を学べます。

● 『P／Lだけじゃない事業ポートフォリオ改革　ROIC超入門』
（松永博樹・伊藤学著、日本能率協会マネジメントセンター）
ここ数年で広がった経営指標「ROIC」を基本から分かりやすく解説しています。

● 日本経済新聞、日経電子版の記事

写真　日本経済新聞社

本書は、書き下ろしです。

nbb

日経ビジネス人文庫

新人記者のみなさん
さあ決算取材です!

2022年8月1日　第1刷発行

著者
表悟志
おもて・さとし

発行者
國分正哉

発行
株式会社日経BP
日本経済新聞出版

発売
株式会社日経BPマーケティング
〒105-8308 東京都港区虎ノ門4-3-12

ブックデザイン
鈴木成一デザイン室
ニマユマ

本文DTP
マーリンクレイン

印刷・製本
中央精版印刷